세상은 맑음

세상은 맑음

박태해 지음

미디어

"돌아가자니 너무 많이 걸어왔고/ 계속 가자니 끝이 보이지 않아 너무 막막했다." 이정하 시인의 '길 위에서'란 시의 한 구절이다. 장삼이사는 누구나 삶을 살다 보면 어느 시기에 한 번쯤 이런 절망감이 밀려올 때가 있다.

고백하건대 필자도 마찬가지다. 지천명知天命 문턱을 넘고 직장생활 25년 차로 논설위원실에 있던 2017년 가을, 이런 불안감이 불쑥불쑥 찾아왔다. "헛살지 않았나?"라는 생각으로 무얼 해도 재미가 없었다. 주변에 고민을 털어놓으면 아내부터 현장기자나 데스크 때 비해 시간이 많아서 잡념이 생긴 거라는 둥 핀잔을 들었다.

그럼에도 필자로선 심각했다. 그때 다른 이들은 어떻게 살고 있는지를 들여다보고 싶었다. 이듬해 문화선임기자로 발령 나면서 본지 '나의 삶 나의 길'이란 인터뷰를 진행하며 수많은 인사를 만났다. 대학 총장, 병원장, CEO, 화가, 의사, 사회단체 대표, 연예인 등 십인십색의 사람들이다.

이들과의 만남은 '일'이라기보다는 충전과 힐링, 배움의 시간이었다. 필자는 이들과 교류하며 한때 들끓던 우울도 가라앉힐 수 있었다. 누가 봐도 '성공한' 이들이지만 한결같이 "좌절과 분노, 열등감, 회한의 시간에 몸서리를 치는 순간이 있었다"고 털어놓았다. 찰리 채플린의 '인생은 멀리서 보면 희극이지만 가까이서 보면 비극'이란 말을 실감케 했다.

이 책은 2018년 4월부터 2020년 11월까지 거의 3년간 필자가 만난 스물두 분의 걸어온 길과 삶을 담고 있다(각자의 글 시작 페이지에 인터뷰 당시의 소속과 직책, 신문에 실린 날짜를 표기해놓았으며, 본문 중 언급되는 인물도 인터뷰 당시의 직책임). 이들은 노력과 절제와 인내로 자신 앞에 닥친 크고 작은 고비를 넘겨왔고, 그리고 봉사로, 예술로, 양보와 나눔으로 인생을 풍요롭게 꾸미고, 주변에 선한 영향력을 끼치고 있다. 한 분 한 분이 필자에게는 물론 우리 사회의 소중한 인적자원이자 멘토라 할 수 있다.

필자가 처음 인터뷰한 이가 방귀희 한국장애예술인협회 회장이다. 지체장애 1급인 그는 한 살 때 소아마비를 앓아 두 다리와 왼팔을 못 쓴다. 4지肢 가운데 1지만 온전한 데 그나마 오른손 기능도 40%밖에 남지 않았다. 그럼에도 그는 늘 웃는다. 어릴 적 어머니가 "너 같은 장애아를 보면 사람들이 불쌍해하며 불편해한다. 그런 사람을 안심시키기 위해서라도 '무조건 웃어야 한다'고 웃는 연습을 시켰다"는 것이다. 처음엔 어색했지만 본능이나 다름없는 미소는 어느덧 그의 심벌마크가 됐다. 그에겐 최초의 휠체어 장애인 대학생, 최초의 휠체어 방송인이라는 수식어가 따라붙는다. 지금도 장애예술인 지도자로 우리 사회의 편견과 차별 없는 법과 제도를 보완하기 위해, 그리고 장애인 누구라도 노력하면 주류사회 일원으로 당당하게 살아갈 날을 위해 동분서주한다.

박영관 세종병원 회장은 도전의 의미를 되새기게 한다. 40대 초반, 잘나가던 의과대 교수직을 내던지고 '돈이 안 되는' 심장병원을, 그것도 서울이 아닌 경기도 부천의 작은 동네에 열어 30여 년간 '심장'이란 한 우물만 파서 대표적인 심장전문병원으로 키웠다. 그는 단순한 병원 경영자에 머물지 않고 선천성 심장병 어린이를 무료 치료하며 인술仁術을 실천해왔다. 그의 병원 지원으로 수술과 치료를 받은 심장병 어린이 환자는 국내외를 합쳐 2만5천여 명에 이른다. "남북 관계가 개선돼 북한 심장병 어린이를 치료해주겠다"며 건강관리에 남다른 신경을 쓰는 의료계 존경받는 원로다.

'흙수저 신화'로 불리는 류수노 한국방송통신대학교 총장은 졸업생 67만 명, 재학생 11만 명의 존경을 한 몸에 받고 있다. 시골에서 중학교를 졸업하고 농사일을 천직으로 알다, 군 시절 세상에 눈을 떠 낮에 농사일하고 밤에는 몰래 공부를 해 고등학교 과정을 마치고 방송대에 진학한 자수성가의 전형이다. 2014년 7월 방송대의 총장 후보 1위로 추천됐으나 한동안 임용을 거부당한 끝에 극적으로 방송대 출신 최초의 모교 총장이 된 인물이다. 그에게선 폐목강심閉目降心, 눈을 감고 마음을 가라앉히는 내공이 묻어난다.

'국민 MC' 송해 선생은 구순이 넘은 나이에도 어디를 가나 항상 나이를 내려놓는다. '전국노래자랑' 30년을 하면서 연출가 300여 명을 겪었지만, 그들에게 맞추고 양보해왔다 한다. "세월이 60대는 60km/h, 70대는 70km/h, 80대는 80km/h, 90대는 90km/h로 간다고 하잖아요. 90년이 눈 깜짝할 사이 지나가 버렸다. 하루하루가 금쪽같아요. 다들 양보하고 웃으며 사세요. 싸울 일이 있어도 피하세요." 그가 말하는 영원한 현역의 비결이다.

"세상은 넓고 연구할 기생충은 많다." 기생충학자 채종일 한국 건강관리협회장의 모토다. 세계 기생충 학자들의 모임인 세계기생충학자연맹WFP 회장이기도 한 그는 50년간 기생충 연구와 교육, 국제교류에 헌신한 인물이다. "'평생을 갑갑하게 산 것 같다'고 생각하는 이도 많으나 지금도 기생충에 대한 호기심이 많고 더 파헤치고 싶은 열망이 가득하다"고 말한다. 그에게선 '한 우물' 인생의 경건함이 묻어난다.

과학계의 유리천장을 깬 이로 유명한 김명자 전 환경부 장관의 나이를 잊은 집중력은 놀랍다. 고희를 넘겼지만 지난해 〈산업혁명으로 세계사를 읽다〉, 〈팬데믹과 문명〉 등 역저를 내며 왕성한 집필활동을 자랑한다. 컴퓨터를 하도 두들겨 손병이 날 정도로 일을 손에 놓지 못하는 성격이다. 팬데믹에 관한 그의 진단은 명쾌하다. "치료제와 백신이 나오면 사회적으로 안정이 될 것이나, 바이러스는 계속 변이를 일으키므로 진단키트도 백신도 시간이 지나면 무력화될 수 있다. 이번에 사태가 지나간다 하더라도 또 다른 팬데믹이 오는 것은 시간문제다. 대비해야 한다. 위기의 근본적인 해결을 위해서는 지속 가능한 발전으로의 패러다임 전환이 불가피하다"고 강조한다.

지루한 업業을 예술로 만든 이도 있다. 김한겸 고려대 병리과 교수다. 젊은 시절 온종일 현미경만 들여다봐야 하는 병리의사란 직업이 힘들 때가 있었다. 외향적인 성격의 그에게 온종일 수술로 제거된 조직 세포를 현미경으로 보면서 진단을 하는 일이 갑갑하기 짝이 없었다. 그런 그가 어느 날 그 일을 재미로 만들게 한 기막힌 아이템을 찾았다. 그것이 바로 현미경 사진이다. 인체의 병든 조직에서 예술 작품을 발견하는 일에 매료돼 현미경 사진작가로서 명성을 날리고 있다.

국내 최초의 엑스레이 아티스트로 명성을 얻은 정태섭 가톨릭관동대 국제성모병원 영상의학과 교수도 마찬가지다. 이들은 직업을 밥벌이로써 방어적으로 수행하는 데 그치지 않고 남다른 발상으로 예술과 융합해 새 예술 장르를 개척한 이들이다.

배고프던 어린 시절 단돈 7만원을 들고 상경, 의수족 기술을 배워 보장구업체 사장이 된 선동윤 서울의지 대표는 20여 년간 장애인의 손과 발이 되고 있다. 탈북장애인 의족 지원, 절단장애인 히말라야 백두산 원정 지원, 동남아 절단장애인 지원 등 국내외를 가리지 않는다. 그간 6만여 장애인에게 의수족을 만들어준 그는 '장애인이 행복한 나라가 선진국'이라고 말한다.

백롱민 분당서울대병원장은 전문직업인의 봉사 정신을 실천하는 글로벌 명사다. 안면윤곽 수술 최고 권위자인 그는 1996년부터 매년 베트남을 찾아 태어날 때부터 구순(입술이 갈라지는 병)이나 구개열(입천장이 갈라지는 병) 등의 얼굴 기형으로 웃음을 잃은 어린이들에게 24년째 무료수술을 해주고 있다. 베트남 의료계선 박항서 축구 감독보다 유명하다.

이들 외에도 필자가 만난 한 분 한 분이 모두 제 몫 이상의 삶을 살면서 혼탁한 세상을 맑게 하는 이들이다. 그들이 있어 우리가 사는 세상은 더 따뜻하며, 밝고 희망적이다.

신축년 한 해가 시작되었다. 새해에는 누구나 삶을 새롭게 다진다. 하나 설렘과 함께 두려움도 적지 않다. 이정하 시인의 말대로 우리의 삶이 '확신도 없이 혼자서 길을 간다는 것은 늘 쓸쓸하고도 눈물겨운 일'임이 분명하다. 그럼에도 모두에게 감사하며, 바라는 바 각자의 영역에서 스스로 향기를 뿜으며 주변에 위안과 희망 주는 이들의 삶을 잠시 들여다보고 작은 용기와 지혜를 얻었으면 한다.

박 태 해

• 차례 •

류수노 방송대 총장은 인터뷰에서 "방송대 출신으로 방송대 최초의 교수, 최초의 총장이 된 데 대해 67만 동문과 11만 재학생도 자부심을 느끼는 것 같아 무거운 책임감을 느낀다"며 "자기계발과 배움의 꿈을 이어가고자 하는 학우에게 최고의 학습 환경을 제공하는 총장의 역할을 다하는 한편, 제 스스로 방송대 인재상에 적합한 모델이 될 수 있게 솔선수범하겠다"고 말했다.

류수노[*]

중졸 출신으로 대학 총장 올라··· 흙수저의 인간승리

"이재명 경기지사, 이상헌 국회의원(울산 북구), 장휘국 광주교육
감, 류경기 서울 중랑구청장, 유동균 서울 마포구청장, 김철훈 부
산 영도구청장." 이들의 공통점은?

시사에 밝은 사람은 단박에 6·13 지방선거 당선자라고 답한다.
하나 여기서 조금 더 이들의 이력을 살펴보면 보다 좁은 의미의 공
통점이 있다. 바로 한국방송통신대(방송대) 출신 당선자들이다.

방송대는 지난 2018년 6·13 지방선거에서 대학 중 가장 많은 당
선자를 배출했다. 당선자 272명 중 28명이 방송대 출신이다. 10명
중 1명꼴이다. 이런 '선전'이 알려지면서 방송대가 최근 국가 인재

●·●·●·●·●·●·●·●

* 한국방송통신대학교 총장(2018. 08 03)

의 산실로 새롭게 인식되고 있다.

졸업생 67만 명, 재학생 11만 명에 이르는 국내 최대 평생교육 기관인 방송대의 수장은 입지전적인 인물의 전형으로 불리는 류수노 총장이다. 그는 중학교만 졸업하고 농사를 짓다 뒤늦게 검정고시로 고교를 졸업했다. 이후 방송대에서 공부했고, 방송대 졸업생 중 처음으로 방송대 교수가 된 데 이어 개교 46년 만에 방송대 출신으로는 처음으로 모교 총장이 된 인물이다.

그가 총장 후보자가 되고도 한동안 총장이 되지 못한 어처구니 없는 사정은 그에 대한 동정론을 불러일으키며 세간의 관심을 모았다. 2014년 7월 방송대의 총장 후보 1위로 추천됐으나 박근혜 정부는 이유도 밝히지 않은 채 임용을 거부했다. 그의 말대로 3년 4개월 동안 '폐목강심閉目降心의 세월'을 보내다 문재인 정부가 들어선 뒤인 2018년 2월에서야 정부가 직권임용하면서 마침내 총장에 올랐다. 방송대 안팎에서는 '흙수저의 인간승리'이자 '사필귀정事必歸正'이라고 했다.

염천이 맹위를 떨친 2018년 7월 30일 서울 대학로 방송대 총장실에서 그를 인터뷰했다. 초면인데도 여러 번 본 것처럼 친근감이 느껴지는 인상이다. 밝은 미소로 기자를 맞는 그에게 방송대 출신 인사들의 6·13 지방선거 약진에 대한 늦은 축하인사를 건넸다. 그가 말문을 열었다.

"감사합니다. 그런데 혹시 이 분들도 아십니까. 김영주(고용노동부 장관), 김정열(국토부 2차관), 조재연(대법관). 이 분들도 우리 대학 출신입니다. 제대로 살펴보지 않아서 그렇지 주변에 방송대 출신 인사들이 꽤 많습니다. 아! 그러고 보니 라승용 농촌진흥청장도…. 5급 이상 공무원의 출신 대학 비율에서 방송대가 1위입니다. 모르셨죠!"

그의 방송대 자랑은 계속됐다. "흙수저라도 방송대라는 공공의 사다리를 통해서 역경을 딛고 성공할 수 있다는 것을 이 분들이 증명한 셈이죠. 수많은 어려움을 이겨낸 흙수저와, 성적은 우수하지만 다양한 경험이 적은 금수저는 위기에 부딪혔을 때 대처하는 능력이 다릅니다."

류수노 총장이 왜 입지전적인 인물로 주목받는지 그의 성장과정을 보면 알 수 있다. 그는 충남 논산에서 농사를 짓는 집안의 10남매 중 8번째, 아들로는 다섯째로 태어났다. 아들 중 한 녀석은 가업을 계승해야 한다는 아버지의 뜻에 따라 그는 중학교만 졸업하고 '가업 후계자'로 낙점됐다. 아침부터 밤늦게까지 농사일을 했다. 형들은 다 대학 보내주고, 자신에게는 농사일을 시키니 원망도 할 만한데 '착한 아들'은 그것이 아버지의 자신에 대한 사랑으로 믿고 순종했다. 입대 전까지는 농사일을 천직으로 알고 흙에 살았다. 하지만 입대 후 그는 세상에 눈을 떴다.

"21살의 나이에 입대 후 많은 청년을 만나면서 나도 공부를 해야겠다는 생각이 들었어요. 농사일보다는 더 큰 일을 하고 싶었습니다. 군 제대 후에는 낮에는 농사일하고, 밤에는 아버지 몰래 공부를 시작해 검정고시로 고등학교 과정을 마쳤어요. 마침 학비가 싼 방송대에 입학해 농학을 공부했어요. 어린 시절부터 착실하게 다져진 '후계자 수업'으로 내가 가장 잘할 수 있는 것이 '농학'이라고 확신했어요."

방송대 졸업 후에도 공부에 매진해 9급, 7급 공무원시험에 잇따라 합격했다. 공무원 생활을 하면서도 충남대에서 농학으로 석·박사학위를 땄다. 이후 농촌진흥청에서 10년간 연구원으로 일하며 쌀 연구에 매진하다 1999년에 방송대 졸업생 중에 처음으로 모교의 농학과 교수로 임용됐다. 그의 말대로 쉼 없이 인생 밭을 갈았다.

"지금 생각해보면 아버지의 바람대로 가업의 후계자는 할 수 없었지만, 농학을 전공해 우수한 품종의 쌀을 개발하고, 이를 통해 국가 농업발전에 기여할 수 있어 다행입니다. 농사만 짓던 아들이 인류의 먹을거리를 고민하는 농학자가 됐으니 돌아가신 아버지도 흐뭇해하실 겁니다."

농학자로서의 그의 연구업적은 화려하다. 쌀 관련 논문 139편을 썼고, 국내외 특허 21개를 보유하고 있다. 2009년엔 항산화 항암

효과가 있는 쌀 '슈퍼 자미'를, 2016년에는 비만과 당뇨 억제 효과가 있는 쌀 '슈퍼 홍미'를 개발해 쌀 박사로도 불린다. 모교를 위해 슈퍼 자미 쌀 특허기술 이전료로 얻은 8천만원을 기탁해 비영리법인 '슈퍼 자미 장학회'를 설립했고, 이를 통해 지금까지 109명의 재학생에게 장학금을 줬다. 그의 모교 사랑이 읽히는 대목이다.

농학자로 연구에만 매진하던 그는 주변의 권유로 2014년 7월 총장에 도전한다. 그리고 총장선거관리위원회에서 1위로 추천돼 총장임용 후보자가 됐다. 국립대 총장은 교육부 장관이 대학에서 추천한 후보자를 제청한 뒤 대통령이 임명한다. 주변의 축하인사를 받으며 교육부 제청을 기다렸다.

그런데 총장 취임 날 오전, 날벼락 같은 소리를 들었다. 교육부가 총장임용 제청을 하지 않겠다는 공문을 보낸 것이다. 하늘이 노랗고 다리가 떨렸다. 음주운전 한 번 하지 않고, 파출소 한 번 가지 않고 살아온 그였다. 그런데도 '사생활 문제나 돈 문제에 걸려 탈락한 게 아니냐'는 엉뚱한 소리까지 들려 견디기 힘들었다. 하지만 결국 시간은 그의 손을 들어줬다. 시련의 40개월이 흐른 지난 2018년 2월 극적으로 방송대 총장에 취임했다.

"지금이라도 이유는 알고 싶습니다. 내가 키가 작아서 아니면 명문대가 아닌 방송대 출신이라서 거부했는지, 당시 교육부는 물론 어디에서도 거부 이유를 말해주지 않았어요. 하나 돌이켜보면 폐목강심의 세월이었습니다. 혼자서 한라산과 백두대간을 다니며 저 자신을 돌아보는 시간으로 삼았습니다. 대학 구성원의 한마음 응원도 감사할 따름입니다. 교육부가 임용을 미루자, 동문과 재학생 등 약 8만 명이 총장 임명을 촉구하는 서명에 참여했어요. 십시일반으로 돈을 거둬 세종청사로, 광화문으로 달려가 임용을 촉구하는 시위를 벌였고, 수천 만원이 드는 일간지 광고를 내며 총장 임명을 촉구했어요. 동문과 재학생의 저에 대한 기대를 확인한 만큼 제 임기인 2022년까지 혼신을 다해 대학을 키울 생각입니다."

그가 취임한 후 방송대 분위기는 확 달라졌다. 동문·동창회 모임 인원은 크게 늘었다. 그간 방송대 출신임을 밝히지 않았던 동문도 지금은 방송대 출신임을 자랑스럽게 드러내고 있다고 한다. 방송대 안팎에선 이를 '류수노 효과'라고 부른다.

류수노 총장은 요즘 대학 경쟁력을 올리고 지속적인 성장 시스템을 구축하기 위해 바쁜 나날을 보내고 있다. 지난달엔 '교육발전전략추진단'을 발족해 이수학점 축소운영이나 학습경험인정제도 도입방안을 검토하고 있다. 앞으로 유망한 학과와 전공 신설을 추진하고, 현재의 대학원과 경영대학원에 더하여 전문대학원 과정을 새로 설립하는 방안을 구상하고 있다. 해가 갈수록 입학 자원이 점점 줄고 있는 상황을 고려해 중장기 재정 건전성 강화를 위한 방안과 대학 수익구조를 다각화하는 작업에도 몰두하고 있다.

그는 4년 단임인 총장의 소임을 다하면 농학자로서 할 일도 많다고 했다. "수년 전 한국과학기술평가원이 석학 100명에게 우리나라 연구개발 반세기 10대 성공사례를 설문했어요. 그때 반도체 등을 제치고 통일벼가 국가연구개발 성과 1호로 꼽혔어요. 1972년 우리나라가 통일벼를 개발해 식량난을 해결한 것이 눈부신 경제성장의 기틀이 됐어요. 저는 쌀을 연구하는 농학자로서 남북한 관계가 개선되면 쌀의 생산력을 증대해 북한의 식량 자급에 기여하고 싶어요. 북한에선 현재 가장 필요한 것이 인민의 먹을거리, 식량입니다. 우리 쌀 기술과 품종이 들어가면 북한의 식량난 해결은 어렵지 않아요. 아마도 철강이나 자동차보다 북한 경제가 점프할 수 있는 원동력이 될 수 있다고 생각해요."

류수노 총장은 꿈을 잃어가는 젊은 세대의 좌절이 안타깝다고 했다. "요즘은 개천에서 더는 용이 나지 않는다고 하지요. 청년들에게 꿈 같은 것을 애기하면 반응이 싸늘합니다. 하지만 달리 생각해 봅시다. 우리가 김연아 선수나 박태환 선수에게 왜 박수를 보냈습니까. 기본실력을 갖춘 이들이 최선을 다해 좋은 결과를 내니 환호합니다. 그 이상도 그 이하도 아닙니다. 모두에게 골고루 기회가 주어진 평등한 사회로 바꿔나가는 것 못지않게 젊은이들 스스로 각자가 자기 인생을 최선을 다해 사는 게 중요합니다. 중졸의

흙수저에서 출발해 오늘 대학 총장이 된 저를 보면서도 희망의 계기를 만들어 보기를 바랍니다. 제 나름대로 좌고우면하지 않고 묵묵히 열심히 살아왔다고 자부합니다. 제 인생도 참고는 할 만합니다. 하하….”

인터뷰를 끝낼 시간이 다가오자 그가 당부했다. “기사 쓰실 때 제 자랑은 많이 안 해주셨으면 합니다. 제겐 그건 중요하지 않습니다. 무엇보다 젊은이들이 좀 더 노력하면 언젠가는 자기 길이 열린다는 점에 인터뷰 초점을 맞춰주세요. 나는 자랑스러운 방송대인이라는 말은 꼭 넣어주세요. 방송대가 없었으면 오늘의 류수노도 없었을 테니까요.”

류수노 총장은…

• 1956년 충남 논산 출생 • 1973년 검정고시 고교과정 이수 • 1977년 충남 천안시 9급 공무원 임용 • 1979년 경북 금릉군(현 김천시) 7급 공무원 임용 • 1985년 방송대 농학과 졸업 • 1989년 농촌진흥청 국립식량원 농업연구사 • 1993년 충남대 대학원 석·박사 • 1995년 일본 나고야대 객원연구원 • 1999년 방송대 농학과 교수 • 2009년 항산화 항암효과 쌀 '슈퍼 자미' 개발 • 2010년 대한민국 연구성과패 수상 • 2008, 2011, 2013년 대한민국 농림축산식품과학기술대상(3회) • SCI 논문 8편 등 국내외 논문 139편 발표 • 2018~현재 방송대 총장

송혜진 국악방송 사장은 풍부한 전통예술 지식과 경험을 다양하게 응용해 '쉽고 친절한 국악'을 대중에게 보급한 국악학자라는 평가를 받고 있다. 그는 인터뷰에서 "한류 드라마의 성공은 영상 매체의 전파가 큰 몫을 했다. 국악 등 전통 문화예술 역시 영상 매체를 잘 활용하면 즉각적이고 빠른 글로벌화와 대중화가 충분히 가능하다"며 "국악을 포함하는 전통 문화예술 TV 개국에 많은 관심을 가져달라"고 당부했다.

송혜진[*]

국악은 한국음악의 결정체… 대중화 이끄는 전도사

'국응사'라는 게 있다. '국악 TV 개국을 응원하는 사람들'의 약칭이다. 2016년부터 국악인 등 문화예술인은 물론 연예인, 공무원, 학생 등 각계각층 인사들이 국악 TV가 생겼으면 하는 바람으로 메시지와 인증샷을 올리며 페이스북에서 활동하는 모임이다.

"낚시 TV, 반려견 TV도 2개나 있는데, 우리 고유의 음악을 방송하는 국악 TV가 없는 현실이 안타깝고 슬프다. 정부가 나서 개국을 지원해야 한다"는 게 이들의 주장이다. 회원 수가 1만4천여 명이니 만만한 모임이 아니다. 국악 TV 개국 촉구 서명운동에는 10만여 명이 참여했다.

• • • • • • • •

[*] 국악방송 사장(2018. 10. 07) [*] (2019년 7월 국악방송 사장을 끝내고, 현재 숙명여대 문화예술대학원 교수)

현재의 국악방송은 FM 라디오 방송으로, TV 방송이 없다. 국응사의 활동이 3년째이지만 낭보는 들리지 않고 있다. '국악 TV를 누가 보느냐'는 일부의 우려 탓에 매년 기획재정부와 국회 예결위 등의 예산배정 우선순위에서 밀려 고배를 마시고 있다고 한다.

이들 못지않게 국악전문 TV 탄생을 학수고대하는 이가 바로 송혜진 국악방송 사장이다. 국악방송 경영자로서 국악의 대중화와 글로벌화를 위한 국악전문 TV의 필요성을 누구보다도 절감하는 당사자다.

그럼에도 공공기관의 장인만큼 직접 운동에 나서기보다 국악학자로서 강의와 언론 기고 등으로 조용히 여론조성에 힘을 쏟을 뿐이다. 지난 30여 년간 평론가, 방송 작가, 방송 진행자, 교수, 연주단 예술감독, 공연 해설자로 '1인 다역'을 하며 '쉽고 친절한' 국악을 대중에게 알리는 전도사 역할을 해온 이가 바로 그다.

요즘엔 매주 토·일요일 아침에 창덕궁에서 전통공연예술진흥재단 주최로 열리는 '궁궐 아침음악회'에서 해설을 담당하고 있다. '주말 아침에 누가 국악 들으러 오겠냐'고 생각하겠지만, 마니아들로부터 명품 해설이라는 평을 듣고 있다.

지난 2018년 10월 4일 서울 광화문의 한 식당에서 그를 인터뷰했다. 국악방송 경영자이자 국악학자로서의 그간의 삶과 국악의 현주소 등에 대해 차분하게 감회와 의견을 피력했다. 국악 전문가로서의 자부심도 숨기지 않았다. 그도 그럴 것이 그는 지나온 곳마다 선명한 족적을 남겼다. 국립국악원 시절 '이왕직아악부와 사람들' 발굴, 국악 FM 방송 설립, 숙명가야금연주단의 인기몰이가 대표적이다.

국악과의 인연이 궁금했다. "뭐가 뭔지 잘 모르고 좋아하다 입문하게 됐어요. 막상 해보니 하고 싶다고 노력한다고 다 잘할 수 있는 건 아니었어요. 전공자의 성향을 '풍류 DNA'와 '잽이 DNA'로 분류합니다. 월등한 '잽이 DNA' 보유자와 저는 완전히 달랐어요." 충남여고 1학년 때 가야금 연주단원 모집공고를 보고 가야금 연주반에 들어갔다. 재밌고 즐거웠다. 주변에서도 잘한다고 하니 신이 났다. 부모님도 '특별한 취미'라며 기특하게 여겼다. 그러나 막상 대학에서 전공으로 삼겠다고 하니 반대했다. 잘하지만 딸의 재능이 가야금을 전공할 정도는 아니라는 것이다.

그때 그는 마음을 고쳐먹고 국악 연구자의 길을 생각했다. 서울대 국악과를 졸업한 후 전격적으로 한국학중앙연구원 한국학대학원에 진학했다. 국악과 출신의 한국학중앙연구원 최초 입학생이었다. 학부에서 인문대 수업과 동아리에서 훈련받은 독서습관 덕분에 대학원에서도 전공 분야인 음악사뿐 아니라 인접 학문에 대해 견문을 넓히면서 공부 재미에 푹 빠졌다. 이 시기 동아일보 신춘문예 음악평론 부문에 당선되는 기염을 토했다. 국악전공자로서 일간지 신춘문예 음악평론에 당선된 이도 그가 처음이다.

대학원 시절엔 방송에도 출연하며 방송의 감^憾과 자질을 키웠다. 당시 인기 DJ 김기덕 씨가 진행하는 MBC 라디오 '두 시의 데이트'에 국악을 소개하는 패널로 2년간 출연했다.

"자료도 충분치 않은 상태에서 어렵게 선곡해 들고 가면 어떤 날은 10초 만에 끊고, 어떤 날은 3분도 틀어요. 갈피를 잡을 수 없어 마음고생을 많이 했어요. 차츰 김기덕 선생님이 방송에서 허용하는 시간의 의미를 알게 됐어요. 대중들이 받아들일 수 있는 것이 무엇인지, 클래식 채널에서의 소통 방식과 반향 정도가 다르다는 것을 알게 됐어요."

당시의 방송 경험을 토대로 그는 1997년 국악 전파의 전진기지로서 국악 FM 방송이 필요하다는 제안을 김대중 정부에 했고, 실제 방송국 개설 실무도 맡아 지금의 국악방송 개국에 기여했다.

그의 학자적 집념을 엿볼 수 있는 대목이 있다. 1989년 국립국악원을 휴직하고 1년간 영국 더럼대 객원연구원 생활을 하던 시절이다.

어느 날 이 대학 도서관에서 한국에서는 보지 못했던 특별한 책을 발견했다. 엑카르트 안드레아스라는 이가 펴낸 영문판 〈Korean Music(London, 1931)〉이었다. 이왕직아악부에 소장된 악기와 이왕직아악부 소속 연주원들이 악기를 연주하는 모습 40여 장이 수록

된 책을 발견했다. 이왕직아악부는 일제강점기 조선왕조 왕립음악 기관의 후신으로 일명 아악부라 불린다.

이름만 들었던 함화진, 명완벽, 이수경 등 이왕직아악부 시대의 음악인을 이국 도서관에서 흑백사진으로 마주했다. 순간 전율을 느낀 그는 이 시대를 연구하겠다고 결심했다. 더럼대 로버트 프로바인 교수의 도움을 받아 책 속의 자료를 필름에 담았다.

귀국 후에는 당시 생존한 성경린(1911~2008), 김천흥(1909~2007) 선생을 비롯해 이왕직아악부 출신들을 일일이 찾아가 사진과 졸업 앨범, 상장, 성적표 등 자료들을 수집했다. 일본에도 건너가 일제 강점기에 조선 음악을 연구한 다나베 히사오 후손을 만나 집안에 남아 있는 이왕직아악부 관련 정보를 조사했고, 일본 국회도서관 과 신문사 소장 자료도 뒤졌다.

확보한 자료를 국악학자 이혜구, 장사훈 박사가 써 놓은 글, 옛 신문기사들을 찾아 맞춰보면 일제강점기 이왕직아악부 시절의 퍼 즐이 맞춰졌다. 이를 기초로 1991년 국립국악원 개원 40주년을 기 념해 '이왕직아악부와 사람들'이라는 사진 전시회와 책자를 발간했 다. 그가 기획, 자료수집, 해제, 편집 레이아웃까지 도맡아 진행하 며 열정을 쏟아 부었던 저작물이었다.

"우리나라 음악계에서 일제강점기의 역사를 종합적으로 탐색해 본 첫 번째 작업이었다. 고된 작업이었지만 학자로서의 희열이 컸다"고 회고했다.

국내 최초의 가야금 오케스트라인 숙명가야금연주단에선 기획자로서 명성을 얻었다. 당시 연주단을 설립한 이는 그의 동료이자 대학 동창이었던 김일륜 교수다. 그는 김 교수가 다른 학교로 자리를 옮긴 후 2006년부터 연주단 운영을 맡아 기획·감독했다. 1년 뒤인 2007년 초에 제작된 광고에 숙명가야금연주단과 비보이가 함께 출연한 'All for One'은 국악 대중화의 판도를 바꿨다.

당시 극장에서 상영된 이 광고는 영화 〈왕의 남자〉, 〈괴물〉의 잇단 흥행으로 1천만 명 이상의 관객이 봤다. 이 광고음악은 싸이월드와 휴대전화 컬러링 음원으로 인기를 얻었다.

광고와 동시에 발매한 '숙명가야금연주단 베스트콜렉션 FOR YOU'는 베스트셀러가 됐다. 음반에 수록된 '가야금이 비틀스를 만났을 때 Let it be, Obladi Oblada'의 인기는 대단했다. 한동안 KTX에서도 이 음악을 썼다. 비보이와 함께 세계 곳곳에서 초청이 쇄도했다. 국악계 안팎에선 "역시 송혜진!"이라는 소리가 나왔다.

그는 스스로 국악계 비주류라고 했다. 국악인 집안에서 태어난 것도, 국악 전문 중등과정을 마친 것도 아니라는 것이다. 처한 입장이 그렇다 보니 자연스럽게 국악을 '외곽에서 보기', '거꾸로 보기'의 관점으로 객관화시켜 보는 데 익숙해졌다.

"예술인의 입장이 아니라 향유자의 입장에서 국악의 전통과 예술의 가치를 바라보려고 해요. 그렇게 방송을 하고, 글을 쓰고, 해설하고 강의를 했어요. 그러다 보니 어려운 국악이 향유자인 대중에게 쉽고 재밌게 전해져 공감과 감동을 주게 돼요."

그는 국악 TV 개국과 관련해서는 "국악 전문 TV에 국한하기보다는 대중성과 시장성을 감안해 국악에다 우리의 공예, 한식, 건축 등을 포함하는 전통 문화예술 TV가 현실적으로 필요하다"며 전문가답게 각종 자료를 제시하며 많은 얘기를 했다.

"영상 미디어의 진화가 숨이 가쁠 정도입니다. TV와 인터넷, 스마트폰에서 다종다양한 영상 콘텐츠들이 이용자의 오감을 자극해요. 빅데이터를 기반으로 한 영상 미디어가 현대인의 일상을 어떻게 바꿔 놓을지에 대한 논의도 활발합니다. 그런데도 이 같은 변화의 흐름에서 전통예술의 소외는 심각해요. 4개의 주요 지상파 TV를 포함한 케이블 방송 채널이 400여 개가 넘지만, 전통 문화예술 전문채널은 없습니다. 전통 문화예술 TV 채널이 생기면 양질의 전통 문화예술 콘텐츠를 확보할 수 있어요. 이 콘텐츠들은 1차적으로 국가 문화유산의 아카이빙 자료가 됩니다. 이를 통해 TV뿐 아니라 스마트폰, 컴퓨터 등에서 이용할 수 있는 멀티미디어 생명환경을 조성합니다. 그렇게 되면 전통 문화예술 TV는 전통 문화유산 기록과 영구보존의 국가적 책무를 하는 한편, 다양한 미디어 서비스를 할 수 있는 전진기지로서 기능할 수 있어요."

인터뷰 말미에 당부의 한마디를 했다. "얼마 전 방탄소년단[BTS]이 유엔본부 연설에서 '네 이름이 무엇이냐?'라고 물었죠. 국악은 '우리는 누구인가'를 말해주는 한국인 음악의 결정체입니다. 잊혀도 좋을 구닥다리 음악이 아니에요. 우리나라의 언어는 국어, 우리나라의 역사는 국사, 우리나라의 음악은 국악입니다. 국악 라디오 방송이 3수[修] 만에 설립인가가 난 만큼 전통 문화예술 TV도 도전 3년째인 올해 반드시 개국의 소망이 이뤄질 수 있기를 바랍니다. 많이 도와주세요."

(주: 2019년 12월 27일, 국악방송 TV를 개국하였다. 현재 kt올레TV 채널 251번, LG유플러스 채널 240번, LG헬로비전 채널 273번을 통하여 하루 24시간 전통음악과 다양한 전통문화 프로그램을 송출하고 있다.)

송혜진 교수는…

· 1960년 충남 대덕 출생 · 1983년 서울대 음대 졸업 · 1987년 동아일보 신춘문예 음악평론 부문 당선 · 1995년 한국학중앙연구원 한국학대학원 문학박사 · 1989~90년 영국 더럼대 음악대학 객원연구원 · 1989~2001년 국립국악원 학예연구사 및 학예연구관 · 2001~03년 국악방송 편성제작팀장 · 2001~현재 숙명여대 전통문화예술대학원 교수 · 2006~16년 숙명가야금연주단 예술감독 · 2010~12년 한국문화예술위원회 제3기 위원 · 2013~15년 서울문화재단 문화정책위원회 위원 · 2006년 KBS 국악대상 미디어 출판상 · 2011년 제4회 관재국악상 · 2016년 난계악학대상 · 저서로 〈한국 아악 연구〉, 〈한국 악기〉, 〈우리 국악 100년〉, 〈국악, 이렇게 들어보세요〉, 〈청소년을 위한 한국음악사〉, 〈꿈꾸는 거문고〉 등 다수 · 2016~19년 국악방송 사장

* (2019년 7월 국악방송 사장을 끝내고, 현재 숙명여대 문화예술대학원 교수)

김명자 전 환경부 장관은 40여 년간 교수, 장관, 국회의원으로 활약하며 환경
행정과 과학기술 분야에 뚜렷한 족적을 남겼다. 특히 과학계 '유리천장'을 깬 인
물로 이공계 후배 여성들의 롤모델이 되고 있다. 고희를 넘긴 나이에도 왕성한
글쓰기를 계속하는 그는 인터뷰에서 "코로나19로 촉발된 펜데믹은 정치, 경제,
사회 각 분야의 변화를 부르는 '문명의 대전환'을 예고한다"며 "이럴 때는 정치
와 여론에 휘둘리지 않고 전문가 목소리에 귀 기울여 정책을 수립할 수 있는 환
경이 중요하다. 그런 바탕 위에 국제사회와 공조해나갈 때 위기 극복의 돌파구
를 찾을 수 있다"고 말했다.

김명자*

과학계 유리천장 깬 슈퍼우먼… 이번 상대는 팬데믹

요즘(2020년 7월) 서점가에는 팬데믹(세계적 대유행) 관련 책들이 봇물을 이룬다. 전 세계가 신종 코로나바이러스 감염증(코로나19)으로 촉발된 팬데믹과 전쟁을 치르고 있는 만큼 이 전쟁터에서 어떻게 살아남을 수 있을지가 모두의 관심사다. 그런 점에서 최근 출간된 〈팬데믹과 문명〉은 거대한 주제를 흥미롭게 다룬 책이다. 고대로부터의 인류 문명 중 역병疫病과의 투쟁사를 돌아보고 코로나19 이후의 새로운 질서 구축에 대한 통찰력을 제시하고 있다.

저자는 김명자 전 환경부 장관이다. 국민의정부 시절 환경부 장관으로 '최장수 여성장관' 기록을 갖고 있다. 이후 17대 국회의원

• • • • • • • •

* 전 환경부 장관(2020. 07. 18)

을 지낸 뒤 한국과학기술단체총연합회(과총) 50년 만의 첫 여성 회장을 맡은 과학기술계의 대표적인 명사다.

그런데 알고 보니 8개월 전에도 〈산업혁명으로 세계사를 읽다〉라는 방대한 책을 펴냈다. 고희를 훌쩍 넘기고도 작금의 이슈인 4차 산업혁명과 팬데믹을 주제로 잇달아 책을 낸 것이다. 나이를 잊는 집중력이 놀랍다. 어떻게 지내고 있을까. 지난 2020년 7월 13일 서울 충정로의 풍산빌딩에 있는 서울국제포럼 집무실에서 그를 만났다. 김 전 장관은 서울국제포럼 회장을 맡고 있다.

요즘 근황은?

"2월 말에 과총 회장 임기를 마쳤다. 쉬면서 여유를 갖고 싶었는데, 타고난 것이 '일복'인 모양이다. 서울국제포럼 회장을 맡아 이곳에서 봉사하고 있다. 서울국제포럼은 1986년에 이홍구 전 총리 등 학계, 관계, 언론계, 경제계 리더들이 설립한 단체다. 원로 석학들과 중견 전문가들이 외교 안보와 더불어 기술외교, 보건, 에너지, 식량, 사이버 등의 어젠다를 다루고 있다. 그간 맡아온 KAIST, 아시아인프라투자은행, 유민문화재단 등 여러 기관의 자문도 하고 있다. 시간이 생기는 대로 책 보고, 글을 쓴다. 최근에 컴퓨터를 하도 두들겨 손병이 났다. 의사가 방아쇠수지라고 하더라. 힘줄에 염증이 생겼다. 처방은 손을 쉬게 하는 것인데 잘 안 된다. 일을 손에서 놓지 못하는 성격이다."

저서 〈팬데믹과 문명〉의 반응이 좋다. 출간 계기는?

———

"역사 속에서 교훈을 찾아야 한다는 생각으로 썼다. 팬데믹을 일회성 사건으로 보는 한 근본적인 해법을 찾기가 어렵다. 그래서 팬데믹에 관한 과학적 이해와 문명사적 맥락을 바탕으로 앞으로의 대응에 관해 통섭적이고 입체적으로 다뤘다. 코로나19를 비롯해 앞으로 우려되는 바이러스의 역습에 대한 전망과 대응 방안, 바이오 무기개발 중단 필요성, 보건안보에서의 국제적 협력의 중요성 등 다각적인 측면에서 비전문가가 이해할 수 있도록 쉽게 쓰려고 노력했다. 문명사적으로 어떤 감염병이 시대와 지역에 따라 경제, 사회, 정치, 문화 등 모든 분야에 어떤 영향을 미쳤는지를 개관했다. 시의성이 있어서인지 관심을 갖는 이들이 많다."

전 세계가 코로나19와 전쟁 중이다.

———

"치료제와 백신이 나오면 사회적으로 안정이 될 것이나, 바이러스는 계속 변이를 일으키므로 진단 키트도, 백신도 시간이 지나면 무력화될 수 있다. 미생물의 변이와 인류 문명의 지혜 사이에서 앞서거니 뒤서거니 끝없는 경쟁이 이어지고 있다. 따라서 이번에 사태가 지나간다 하더라도 또 다른 팬데믹이 오는 것은 시간문제다. 대비해야 한다. 위기의 근본적인 해결을 위해서는 지속 가능한 발전으로의 패러다임 전환이 불가피하다. 자연과 인간이 공존할 때 인류 문명이 지속 가능하다는 세계관의 전환이 이루어져야 한다."

지난해 10월에는 〈산업혁명으로 세계사를 읽다〉를 냈다. 나이를 잊은 집필활동을 보여주고 있다.

"워커홀릭에 가까운 기질 탓일까. 하나에 꽂히면 그 일을 끝내야 직성이 풀린다. 나이를 잊고 살다 깜짝 놀랄 때도 있다. 〈산업혁명으로 세계사를 읽다〉는 수면, 식사시간 줄여가며 자료를 찾고 원고를 집필했다. 9개월간 준비했다. 산업혁명 통사通史이다. 산업혁명의 역사를 보면 이런 아이러니가 없다. 2차 산업혁명의 경우만 하더라도 그렇다. 한창 산업혁명이 무르익던 1910년에 영국의 노먼 에인절은 '위대한 환상The Great Illusion'이란 저술에서 전쟁이 일어나지 않을 세상을 예측하였다. 산업혁명에 의해서 세계가 경제적으로 통합되어 상호 의존도가 높아졌고, 산업국가 간의 전쟁은 얻는 것은 없고 잃는 것만 커졌기 때문에 전쟁이 일어날 이유가 없어졌다는 것이었다. 그러나 그의 주장이 무색하게도 초판이 발간되고 4년 만인 1914년에 역사상 최초의 세계대전이 발발한다. 이런 등등의 현상에 대한 개인적인 호기심으로 책을 쓰다 보니 590쪽이 넘는 두꺼운 책이 되었다. 돌아보니 그간 20여 권의 책을 냈다."

사상 첫 과총 여성 회장으로 선출돼 화제가 됐다.

"2016년에 과총 50년 역사에서 최초의 여성 회장으로 선출됐다. 어깨가 무거웠다. 그러나 막상 일을 시작하니 차기 회장 1년, 회장 3년을 신바람 나게 보낸 것 같아서 고마운 시간이었다. 재임 기간 300여 회의 포럼과 전문가회의 등을 개최했다. 과학기술계 5개 기관과 공동으로 국민생활과학자문단을 출범시켜 식품, 질병, 재해, 생활화학물질, 환경, 교통, 건설, 사이버 등 7대 분야를 체계적으로 다루었다. '미세먼지 국민포럼', '플라스틱 이슈포럼' 시리즈를 진행하고 정책 제안을 했다. 과학기술계의 전문성으로 국민의 불안을 해소하고 재난의 예방—대응—복구의 전천후 과정에서 과학기술의 역할을 높이려고 작업했고, 적지 않은 성과도 있었다고 자평한다."

과학 분야 노벨상은 아직도 요원한가?

ㅡㅡㅡ

"우리나라는 노벨상을 받은 국가들과 비교해서 과학기술 개발을 매우 늦게 시작했다. 과학기술 성취는 하루아침에 되는 게 아니다. 기초에서부터 차근차근 쌓여 응용과 개발 상용화를 거치게 된다. 선진국은 그렇게 한다. 그러나 우리의 경우 당장 먹고살아야 하다 보니 기초를 건너뛰고 기술 상용화부터 손을 댔다. '역엔지니어링'이다. 기초가 약할 수밖에 없다. 120년 전통의 노벨상은 기초연구 부문에 주는 상이다. 우리의 과학기술 정책과 노벨상이 미스매치가 된 것이다. 기초연구에 투자와 지원을 늘리다 보면 가능해질 것이다. 서둘러서 될 일이 아니다."

환경부 장관 시절 얘기를 빼놓을 수 없다. '헌정 최장수 여성장관'이란 기록도 있는데?

ㅡㅡㅡ

"돌아보니 1999년 6월에 장관으로 임명돼 '국민의정부'가 끝날 때까지 장관을 역임했다. 그때는 재임기간이 짧았던 시절이라 4년도 안 되는데 '국민의정부 최장수 장관'에 '헌정 최장수 여성장관'이 돼서 그것도 쑥스럽다. 당시 언론의 관심 중의 하나는 교수 출신의 비정치적인 여성장관이 얼마나 오래 버티는가에 있었다. 아무런 정치적 끈이 없이 갑자기 들어왔으니 처음엔 직원들 반응도 썰렁했다. 열심히 일했고, 개각 때마다 살아남았다. 그렇게 시간 이 흐르면서 장관의 장수長壽가 바로 권위權威로 직결된다는 것을 느꼈다. '힘이 없는' 부처였던 환경부였지만 재임 기간이 길어지면 서 대접이 달라졌다. 장관으로 부임한 얼마 뒤 국무총리실 산하에 대규모 민간위원회가 구성되었고, 당시 법적 근거에 의한 정부 부 처 업무평가가 시작됐다. 그런데 기대도 못 했던 일이 생겼다. 환 경부가 1회, 2회 잇따라 최우수 부처로 대통령 표창을 받았다. 그 런 기록으로 우수 부처의 기틀을 마련하고 물러난 것은 평생의 훈 장으로 남아있다."

후배 여성들의 롤모델이 되고 있다.

"내 몫의 삶을 열심히 산 것밖에 없다. 2008년에 '세계의 여성 과학자를 만나다' 프로젝트로 〈과학해서 행복한 사람들〉이란 책 이 출간됐다. 서울대, KAIST, 포항공대의 여학생 5명이 여성 과학 자를 인터뷰해서 엮은 책이었다. 그 당시 국회의원을 하던 내게는 '한국 정치에 향기를 불어넣은 여성 과학자'라는 멋진 제목을 붙여 주었다. 학생 기자들은 나의 경력에서 특히 제1회 '닮고 싶고 되 고 싶은 과학자'로 선정되고, 국회에서 국방위원회 간사로 일하면서 초선으로서 국회 윤리특별위원장이라는 상임위원장을 하는 등 나의 기록에 관심이 컸다. 인터뷰에 열심히 응했는데 나중에 학생 기자들이 쓴 후기를 보고 뒤통수를 얻어맞은 듯했다. 요약하면 '참 답답했다. 어떻게 그렇게 순응하면서 슈퍼우먼으로 살았나'라고 쓰여 있었기 때문이다. 우리 세대에선 여성 과학자로서 일과 가정을 양립시키며 '성공했다'는 소리를 들으려면 슈퍼우먼의 삶을 살아야 했다. 사회가 모성보호와 양성평등의 인프라를 제공하지 못한다면 여성 전문인력이 늘어나는 상황에서 세계 최고 수준의 저출산의 수렁에서 벗어나는 것은 공염불로 보인다. 시대가 바뀌었으니 새로운 가치관으로 살아가겠지만, 그래도 변하지 않는 것은 있다. 여성들이 긍정적인 마인드셋을 갖고 지적 관심의 영역을 넓히고, 융합형 전문가로 활약하기를 기대한다."

삶의 좌우명은?

"진인사대천명盡人事待天命이다. 내가 할 바를 다 하고 그 결과에 연연하지 않는다는 삶의 원칙을 고수하고 있다. 성실, 정직, 열정으로 살기를 원했고, 욕심을 버리고자 했다. 원래 워라밸('일과 삶의 균형'이라는 의미인 'work-life balance'의 준말)이라는 용어와는 거리가 멀어서, work와 life를 구분하고 그 균형을 맞추기보다는 그 두 가지를 엮는 삶을 살았다. 정도의 차이는 있지만 스트레스가 없는 삶은 없다. 일에서 느끼는 스트레스는 생활에서 풀고, 생활 속의 스트레스는 일에서 풀었다고나 할까.”

앞으로의 계획은?

“이제 더는 무엇을 맡는다고 하는 것은 노추^{老醜}다. 하루하루 주어진 일에 감사한다. 현재 맡은 서울국제포럼 회장 일이 최종 프로젝트이니 유종의 미를 거두어야겠다. 체력관리를 잘해 지금처럼 그간의 경험과 공부를 토대로 책을 꾸준히 쓸 생각이다. 구상 중인 책이 있는데 나중에 밝히겠다.”

김명자 전 장관은…

· 1944년 서울 출생 · 1966년 서울대 문리대 화학과 졸업 · 1971년 미국 버지니아대 대학원 졸업 · 1974~99년 숙명여대 교수 · 1994년 대한민국 과학기술상 · 1999~2003년 환경부 장관 · 2002년 '제1회 닮고 싶고 되고 싶은 과학기술인상' · 2003~04년 서울대 기술정책대학원 CEO 초빙교수, 명지대 석좌교수 · 2004~08년 제17대 국회의원 · 2008~16년 KAIST 과학기술정책대학원 초빙교수 · 2015년 과학기술훈장 창조장, 자랑스러운 서울대인상 · 2017~20년 한국과학기술단체총연합회 회장 · 2020~현재 서울국제포럼 회장, 아산사회복지재단 아산상 운영위원장

방송인 송해는 인터뷰에서 "돌이켜보면 대접받지 못한 '딴따라'의 삶이었으나 매 순간 낮은 자세로 최선을 다했더니 좋아해 주시는 분이 많아 이 나이에도 외롭지 않게 됐다"며 "남북한 관계가 개선되는 만큼 더 늦기 전에 평양 무대에서 마이크를 다시 한 번 잡아보는 것이 소망"이라고 말했다.

송해*

눈물 반 노래 반 내 인생은 딩동댕…
양보하고 웃으며 사세요

2019년 새해, 누구를 인터뷰할까 고민했다. 기해년 한 해도 힘차게 살아낼 덕담을 해줄 원로였으면 좋겠다는 생각을 했다. 그의 살아온 역정이 두루 존경을 받을 만한 데다 많은 이들이 바라는 '행복' '건강' '장수'와 같은 단어들과 어울리는 분이면 괜찮을 듯했다. 그래서 떠올린 이가 방송인 송해다.

아시아 최고령 MC라고도 한다. 30년 넘게 매주 일요일 KBS-1TV '전국노래자랑'을 진행하고 있다. 더욱이 남녀노소 구분 없이 국민의 사랑을 받고 있다. "그 나이에 일할 수 있고 돈까지 버니 자식들에게는 최고의 아버지, 최고의 할아버지"라는 부러움을 한

* 국민 MC(2019. 01. 18)

몸에 받는다. 대중예술계의 살아 있는 전설로 불리지만 '눈물 반 노래 반'이라는 그의 삶과 장수 건강법, 인생 팁을 직접 듣고 싶어 그를 찾았다.

지난 2019년 1월 7일 서울 종로구 낙원동 원로연예인들의 사랑 방 역할을 하는 상록회 사무실에서 그를 만났다. 인터뷰는 그가 연 말에 감기에 걸려 몇 차례 조정 끝에 어렵게 성사됐다. 허스키하면 서도 힘이 있는 톤으로 1시간 30분 동안 친절하게 인터뷰에 응했 다. 건강부터 물었다.

"연말에 행사가 많아서 과로한 것 같아요. 이놈의 기침감기 때 문에 열흘 넘게 좋아하는 술도 한 잔 못했어요. 그래도 고마운 것 은 내가 감기에 걸렸다는 소식을 듣고 많은 이들이 걱정을 해줬어 요. 이젠 약 먹고 좋아졌어요. 전국노래자랑 홍천군 편 녹화도 잘 다녀왔어요."

그는 애주가로 유명하다. 공연 뒤풀이자리에서 혼자 소주 20병 넘게 비웠다거나, 술자리는 5∼7차까지 갔다는 그와 얽힌 연예계 뒷얘기도 많다. 그와 친한 이용식, 설운도, 엄용수 등 연예계 후배 는 그와 술자리에서 주량을 감당하지 못해 줄행랑을 쳤다는 소문 도 있다. 젊은 시절 술에 관한 한 자존심이 셌다는 게 그의 설명이 다. 요즘도 약주를 그렇게 많이 하는지 궁금했다.

"예전처럼 그렇게는 마시지 않지만, 여전히 좋아합니다. 이틀에 한 번꼴로 마셔요. 한 자리에서 두 병은 기본입니다. 소주만 마셔요. 맥주나 막걸리 등 다른 주종은 몸에 맞질 않아요. 가끔 젊은 친구들이 아직도 많이 마시는 줄 알고 공격을 해와 곤혹스러울 때가 있지만, 이제는 철저히 자제를 합니다. 어느 정도 마시다 '내가 힘들겠구나' 하는 생각이 들면 바로 술잔을 놓습니다. 선을 넘지 않아요."

그와 인터뷰한다고 하자 건강법을 물어보라는 이가 꽤 많았다. 인터뷰해 보니 생활 자체가 운동이 습관화돼 있다. 잘 나가는 정상급 연예인이면서도 매니저도, 승용차도 없다. 많이 알려졌지만, 그의 건강 비결은 'BMW'에 있다. Bus(버스)+Metro(지하철)+Walk(걷기)를 말한다.

전국노래자랑 녹화가 없는 날에는 서울 강남구 도곡동 집에서 지하철 3호선을 타고 낙원동의 상록회 사무실까지 출퇴근한다. 그를 알아보고 인사를 건네는 시민들과 얘기하며 걷는 것이 즐거움이 된 지 오래다.

그를 말할 때 빼놓을 수 없는 것이 사우나다. 상록회 사무실을 찾는 날에는 꼭 사우나탕을 찾는다. 근처에 '송해 사우나'가 있다. 원래는 에메랄드목욕탕이었으나 목욕탕 주인이 몇 년 전 그를 위해 송해 사우나로 아예 간판을 바꿨다. 녹화를 위해 지방을 갈 때도 공중목욕탕은 꼭 들른다. 냉온탕을 번갈아 들락거리면 온몸이 개운하다.

건강 비결을 하나 더 꼽자면 규칙적인 잠자리다. 저녁 9시 뉴스만 보고 잠자리에 든 뒤 다음날 아침 5시 30분에 일어난다. 정해진 시간에 사무실에 나타나 '낙원동 칸트'라고도 불린다.

그는 휴대전화가 없다. 그와 연락을 하려면 상록회 사무실의 '조실장'을 통해야 한다. 그것도 이유가 있다. "전화가 없으니 전화로 인한 스트레스가 없어요. 그 많은 전화 제가 다 받는다고 생각하면 얼마나 스트레스겠어요. 상대방은 답답할 수도 있으나 나는 불편함이 없어요."

음식도 가리지 않는다. 사무실 근처의 한 끼 2천원 하는 시래기 국밥과 4천원짜리 백반을 즐겨 먹는다. 그와 인터뷰한 다음날인 1월 8일 민생탐방차 낙원동을 찾은 이낙연 총리와 같이한 점심 메뉴도 시래기 국밥이었다.

송해라는 이름을 제대로 알게 된 것은 KBS-1TV의 전국노래자랑 MC를 맡은 환갑부터다. 젊은 시절엔 빛을 보지 못해 불안정한 삶의 연속이었다.

"1980년대 이전만 해도 우리 계통은 '딴따라'라고 해서 대접을 받지 못했지요. 방송을 하면서도 3년 계획을 못 세웠어요. 춘하추동 프로그램이 개편돼 잘리기를 밥 먹듯이 했어요. 좌절감으로 술로 날밤을 새우며 '타락'도 했어요. 그래도 삶의 끈을 놓을 순 없어

이를 악물고 살아왔어요. 한 가지만 하면 밥을 못 먹겠다 싶어 노래도 하고, 코미디도, 악극도 했어요. 지금은 웃지만 돌이켜보면 눈물 많았던 격동의 세월을 용케도 넘어왔어요."

그는 노년 복이 있다. 낙원동에는 그의 이름을 딴 거리가 있고, 대구 달성군에는 그의 이름을 딴 공원이 있다. 지방 녹화 때마다 수백수천 명의 팬이 달려와 악수와 사인을 요청하며 그에게 '오래 사시라'고 한다. 인기비결에 대해 물었다.

"거저 주어지는 것은 없어요. 어디를 가도 내가 제일 나이가 많지만, 항상 나이를 내려놓습니다. 전국노래자랑 30년을 해오면서 연출가를 300명 이상 겪었어요. 사람마다 생각이 다 달라요. 내가 오래했지만 내 생각이 잘못됐을 수도 있다고 생각해요. 그들에게 맞추고, 양보도 해요. 아들뻘 손자뻘이지만 끊임없이 대화를 나눠요. 녹화가 끝나면 꼭 뒤풀이하면서 소통을 합니다. 술은 그때 필요해서 마셔요. 전국노래자랑은 진행자 역할이 중요해요. 출연자는 방송을 처음해서 긴장을 많이 합니다. 무대에 서면 앞이 캄캄해져요. 내가 편안하게 해줘야 노래도, 재주도 나옵니다. 사전에 출연자하고 만나 대화를 하며 편안하게 달래주죠. 사회자의 사명은 죽은 나무에서라도 꽃을 피워야 한다는 게 제 생각이에요."

그에게도 두려운 것이 있다. 나이가 들수록 가족은 물론 주변 사람들이 하나둘 그의 곁을 떠나는 것이다. 그는 1987년 외아들을 한남대교에서 교통사고로 잃었다. 지금도 한남대교 쪽으로 가지 못한다. 주변에서 아들 얘기는 금기시한다. 20여 년간 전국노래자랑 무대를 같이했던 김인협 악단장이 2012년 폐암으로 숨겼을 때도 그의 충격이 작지 않았다. 14살 아래지만 마음을 터놓으며 지낸 특별한 친구였다. 인터뷰 도중에 "그 친구와 전국을 돌며 마신 술만 몇 톤이 될 것"이라며 눈시울을 붉혔다. 지난해(2018년) 1월에는 부인 석옥이 여사를 먼저 보냈다. "아내가 없으니 불편하고 그 외로움이 헤아릴 수가 없어요. 겪어보지 않으니 모르잖아요. 아내한테 잘하세요."

얼마를 살아야 욕심이 없어질까. 구순을 넘었으니 마음이 비워질까. 그래서 지금도 욕심이 있느냐고 도발적인 질문을 했다. "욕심 없는 삶은 없는 것 같아요. 대구 달성군에 가면 100세교가 있어요. 이곳에는 대개 부모와 아들딸이 같이 옵니다. 한 노인이 주변을 둘러본 뒤 '100세교라는데 한 번 더 밟고 가자'며 자식들을 이끌더라고요(웃음). 제 경우엔 고희를 넘기면서 베풀어야겠다는 생각이 많이 났어요. 후배들을 봐도 도와주고 싶어 어려운 것 없는지 묻게 되더라고요."

그에겐 마지막 소망이 있다. 떠나온 북의 고향인 황해도 재령에 가보는 것이다. 김대중·노무현 정부 때 북한을 두 번 다녀왔으나 정작 고향은 가보지 못했다.

"지난해 남북한 정상이 세 차례 만났고 예술단 교류도 했으니 머지않아 방문할 수 있으리라는 희망을 가져봅니다. 2003년 평양 노래자랑 공연에 갔을 때는 살아계실지도 모를 누님 생각해서 옷 한 벌 해 갔는데 누님을 만나지 못했어요. 그 옷은 결국 호텔에서 일하는 아주머니에게 줬어요. 이젠 고향을 가더라도 아무도 없겠지만, 그래도 죽기 전에 꼭 한 번 가고 싶어요. 평양 노래자랑을 함께 진행한 북한 전성희 아나운서 소식도 궁금합니다."

그가 떠나는 날, 전성희 아나운서가 "아바지, 고저 건강하시라요" 하며 손을 잡았다고 한다. 다시 한 번 그와 무대에도 서고 싶다고 했다.

그의 노래 중에는 '내 인생은 딩동댕'이 있다. 김정호 작곡가가 그의 구순 때 헌정된 곡이다. 기자에게 가만히 들어보라며 직접 불렀다.

"산도 넘고 강도 건너/ 나 여기 서 있네/ 눈도 맞고 비도 맞고/ 앞만 보고 달려 왔었네/ 지나온 길 생각하면/ 아쉬움이 너무 많은데/ 좋은 친구 좋은 이웃/ 내 곁에 함께 있으니/ 괜찮아 이만하면 괜찮아/ 내 인생 딩동댕이야…." 눈물 반 노래 반이라는 그의 '딴따라 인생'이 고스란히 담겨 있었다.

그는 30년 넘게 국민과 함께 울고 웃으며, 2003년 보관문화훈장에 이어 2015년 은관문화훈장을 받았다. 금관문화훈장은 고인이 된 예술인에게 주는 관례에 비춰보면 대중문화의 상징인물로 각인돼 있다.

요즘 그는 대구 달성군의 송해 공원에 건립되는 가칭 '송해코미디박물관'에 보낼 음반과 책 등 소장품을 분류하느라 바쁘다. 2016년 달성군의 옥연지玉淵池 일대에 건립된 송해 공원은 연간 75만여 명이 찾는 명소가 됐다. 달성군이 송해 효과를 톡톡히 보는 셈이다.

"세월이 60대는 60km/h, 70대는 70km/h, 80대는 80km/h, 90대는 90km/h로 간다고 하잖아요. 90년이 눈 깜짝할 사이 지나가 버렸어요(허허). 하루하루가 금쪽같아요. 다들 양보하고 웃으며 사세요. 싸울 일이 있어도 피하세요. 그렇게 살다보면 여러분의 인생은 '딩동댕'입니다."

인터뷰를 끝내며 그는 카메라 셔터를 누르는 사진기자를 향해 손가락으로 능숙하게 하트를 그려 보였다.

·1927년 4월 27일 황해도 재령 출생 ·1950년 황해도 해주음악전문학교 졸업 ·1954년 창공악극단 가수 데뷔 ·1962년 고 박시명과 콤비로 동아방송 퀴즈 프로그램 '스무고개'로 방송 데뷔 ·1965년 KBS '광일쇼'로 TV 무대 진출 ·1987년 KBS 코미디 연기대상 특별상 ·1999년 제6회 대한민국 연예예술상 특별공로상 ·2003년 북한 방문 '특별기획 평양노래자랑' 진행, 보관문화훈장 ·2015년 은관문화훈장, 대구 달성군 옥포면 '송해 공원' 조성 ·1988~현재 KBS-1TV 전국노래자랑 MC

한대수는 1960, 70년대 실험적이고 도전적인 음악으로 자신만의 스타일을 구축해 '물 좀 주소' '행복의 나라로' '하루아침' 등을 히트시킨 영원한 인디뮤지션으로 불린다. 그가 15집 앨범을 발표하기 위해 코로나19를 뚫고 4년 만에 귀국했다. 그는 인터뷰에서 "코로나로 인한 전 세계의 고통이 저의 고통으로 여겨져 곡을 쓰지 않을 수 없었다"며 "세계인이 전대미문의 팬데믹 세상을 이겨낼 최고의 백신은 평화와 사랑임을 전하고 싶다"고 밝혔다.

한대수*

팬데믹 세상 위로할 마음의 백신은 사랑과 평화의 노래

얼마 전 대중음악계 지인으로부터 전화가 왔다. "가수 한대수가 한국에 왔대요. 이번에 마지막 앨범을 낸다고 합니다." 늘 인터뷰할 만한 인물 선정이 고민인 기자가 그에게 "좋은 분 있으면 소개해 달라"고 부탁했던 터였다.

  잘됐다! 한대수가 누구인가. '한국 모던록의 창시자', '한국 최초의 히피', '한국 포크록의 대부'로 불린 1960, 70년대 한국 대중음악계의 독보적인 존재 아닌가. 장발을 치렁치렁 늘인 채 기타를 치며 특유의 탁성濁聲으로 '물 좀 주소', '행복의 나라로'를 부르던 로커로 중장년 팬에게는 낯익은 이다. 번안 곡을 부르는 가수들이 판

* 가수(2020. 11. 14)

치던 때 그는 우리나라 최초의 싱어송라이터였다.

세상 마음대로 살 것 같은 자유인이던 그도 세월 따라 달라진 운명은 어찌하지 못하는 모양이다. 수년 전에는 TV에 알코올 의존증을 앓는 러시아인 아내를 돌보는 모습으로, 환갑 나이에 얻은 손녀 같은 딸을 육아하는 팍팍한 생활인으로 등장해 팬들 마음을 아프게 했다. 사연 많은 그가, 생애 마지막 앨범을 내려고 귀국했다니 궁금해 약속을 잡았다.

지난 2020년 11월 2일 서울 신촌의 한 고시원에서 그를 인터뷰했다. '화폐'(그는 돈을 이렇게 부른다)가 부족해 호텔 대신 손바닥만 한 고시원 방에서 딸 양호와 부인 옥사나와 지낸다. "더는 포크록의 전설이 아니라 이제는 보시다시피 고시원에서 기타 치는 나이든 로커"라며 헛헛하게 웃는다. 그의 사연 많은 가족사와 한국과 미국을 오가는 보헤미안의 삶, 50년 음악 인생을 들어봤다.

오랜만에 한국을 찾았는데?

————

"늦게 얻은 딸 양호(13) 교육을 위해 뉴욕에 간 지 4년 만에 귀국했다. 50년 음악 인생에 마침표를 찍을 앨범을 내러 왔다. 15집 '하늘 위로 구름 따라' 앨범을 14일 발표한다. 14집 '크렘 드 라 크렘' 이후 4년 만이다. 신종 코로나바이러스 감염증(코로나19)에 신음하는 세계인의 고통에 착안해 만든 블루스 록 '페인 페인 페인'과 자가격리 기간 아내와 딸에게 매 끼니 음식을 만들어주며 쓴 '멕시칸 와이프', 돈이 없으면 사랑도 없는 현실을 노래하는 '머니 허니', 코로나19 시대의 익살스러운 유머를 담은 캠페인송 '마스크를 쓰세요' 등을 담았다. 어떤 반응이 나올지 궁금하다."

마지막 앨범이라는 게 무슨 소리인가?

"고희를 넘기니 더는 창작 여력이 없다. 음악은 예술 장르 중 가장 어렵다. 그래서 힘들다. 더는 좋은 작품이 나오기 힘들 것 같다. 저의 창작 캔버스가 하얀 게 아니라 이젠 까맣다. 채울 공간이 없다. 뉴욕에선 딸 키우느라 제대로 창작 활동을 못했다. 그렇게 생활인으로 살던 중 전대미문의 코로나19가 터졌다. 뉴욕에선 하루에 900명씩 죽어 나갔다. 창작자로서 가만히 있을 수가 없었다. 영감이 밀려와 곡을 썼다. 그것을 발표하는 것이다. 저는 가수이면서 작곡가이지만 이것만 한 게 아니다. 책도 10권 쓴 저술가이고, 방송도 7년 동안 진행했고, 사진작가로도 활동했다. 1960년대 미국에서 사진 공부를 했다. 몇 차례 사진전도 열었다. 수십 년간 국내 곳곳은 물론 미국의 뉴욕, 러시아 등에서 찍은 사진이 엄청나다. 대부분 필름 사진이다. 가치가 있는 것들이 많다. 뉴욕에 돌아가면 사진 정리하는 일을 할 계획이다."

청소년기의 고독과 우울감이 창작의 밑거름이 됐다고 늘 얘기하는데?

"제 삶이 소설이나 영화보다 더 극적이라고 하는 이들이 많다. 서울과 부산에서 30년, 뉴욕에서 40년을 살았다. 남부러울 게 없는 부유한 집에 태어났다. 할아버지는 연희전문학교(연세대) 신학대 초대 학장이었고, 아버지는 핵물리학자였다. 그런데 유년시절 미국에 유학 간 아버지가 돌연 실종됐다. 어머니는 재가했다. 갑자기 고아 처지가 돼 10살 때 할아버지 손에 이끌려 미국으로 건너갔다. 미국에선 저택에 혼자 살았다. '저 넓은 정원 뒤를 잇는 장미꽃밭/ 높고 긴 벽돌담의 저택을 두르고/ 앞문에는 대리석과 금빛 찬란도 하지만/ 거대함과 위대함을 자랑하는 그 집의/ 이층 방한 구석엔 홀로 앉은 소녀/ 아아, 슬픈 옥이여/ 아아, 슬픈 옥이여.' 당시 외로움을 견디기 힘들어 쓴 '옥의 슬픔'이란 곡이다. 옥이가 바로 저다. 귀국해 부산에서도 잘 먹고 잘 살았지만 늘 외로웠다. 부모의 부재가 컸다. 그래서 딸 양호에게 집착한다. 양호에게는 저 같은 그늘을 만들어주고 싶지 않아서다. 젊은 시절 음악이 최우선이었다면 이제는 딸이 최우선이다. 대학 졸업 때까지 '화폐'를 벌어 뒷바라지해야 한다. 이젠 생활인 한대수다."

1960년대 '조용한 아침의 나라를 뒤집어 놓은 이방인'으로 언론에 회자 됐다. 늘 평탄하지 않은 음악인의 삶이라고 여겨지는데?

————

"1968년 미국에서 '바나나 보이스'라는 이름의 듀엣 활동을 하 다 귀국했다. 귀국 첫 무대가 무교동 '세시봉'이었다. 김동건이 사 회를 본 '명랑백화점'에 첫 TV 출연을 했다. 그런데 장발을 치렁치 렁 날리며 기타를 치는 모습이 당시에는 문화적 충격이었나 보다. '한국을 떠나라'는 비난이 쇄도했다. 화성인 보듯 했다. 한 매체는 '최초의 히피, 한국에 등장하다'는 기사를 냈다. 장발이라 TV 출연 뿐 아니라 공식 무대 활동도 금지됐다. 그러다 보니 주로 대학가 와 다운타운에서 활동했다. 생계를 위해 디자인포장센터에 취업도 했다. 아무것도 할 수 없어 군에 입대했다. 해군으로 3년 복무하고 나서 1974년 1집을 냈다. 그때까지 가수가 아닌 김민기의 '바람과 나', 양희은의 '행복의 나라' 작곡가로 활동했다. 이듬해 2집 '고무 신'을 냈으나 미국으로 도망가야 하는 신세가 됐다. 재킷 사진 중 철조망에 걸려 있는 흰 고무신이 재소자의 고무신을 연상케 한다 는 것이었다. '체제 전복적'이라며 강제 회수되어 파기됐다. 음악 인으로서는 사형선고나 다름없어 1977년 뉴욕으로 쫓기듯 갔다. 그곳에서 3인조 록밴드 '징기스칸'의 리더로 활동했다. 그 후에도 뉴욕과 한국을 오가며 활동하다 보니 세월이 이렇게 흘렀다. 아이러니하게도 삶의 힘든 고비마다 음악이 찾아왔다. 음악은 숙명이다. 50년을 하면서 앨범 15집, 150여 곡이 남았다."

창작의 궁극적 주제는 늘 사랑과 평화라는 지론을 펴고 있는데?

———

"제가 미국에 머물던 1964년부터 1975년 사이에는 대중문화가 만개할 때였다. 운 좋게도 여기서 위대한 아티스트들에게 영감을 얻고 음악을 제대로 배웠다. 비틀스로부터 레너드 코언, 밥 딜런, 피터 폴 앤 메리 등 위대한 아티스트들이 부르짖는 것은 한결같다. 서로 사랑하고 사이좋게 지내자는 것이다. 흑인이든 백인이든 아시안이든 관계없이 평화롭게 지내자는 것이다. 요즘 같은 전대미문의 코로나19 상황에서도 마찬가지라 생각한다. 백신이 나온다고 하는데 상당한 시일이 걸릴 것으로 본다. 창작자 입장에서 팬데믹 상황에서 세계인을 위로할 마음의 백신이 필요하다. 가장 좋은 백신은 아티스트들이 사랑과 평화를 노래하는 것이다. 국가 간 장벽을 쌓지 말고 서로 정보를 교환하자. 선진국은 후진국에 기술을 제공하고 돕자. 슈퍼 파워 미국과 중국은 대결하기보다는 코로나 극복을 위해 힘을 합하라고 노래로 촉구하자. 저도 음악인으로서 그런 노력에 작은 힘을 보탤 것이다."

방탄소년단^{BTS} 병역특례 허용을 두고 국내에선 논란이 많다.

──

"저는 해군으로 병역을 마쳤다. 군 시절 힘들었다. 군기가 셌다. 구타도 심했다. 해군선에는 나무 몽둥이가 없으니 쇠몽둥이로 때렸다. 제 생애 가장 힘든 시기였을 것이다. 그럼에도 병역은 국민의 신성한 의무다. 예외 없이 군대를 가야 한다. 그러나 창작자 입장에서 한 번 생각해보면 생각이 다르다. 18~28세 즈음이 창의력이 가장 왕성할 때다. 저도 그간 쓴 150곡 중 80%를 이 시기에 썼다. 마흔이 넘어선 별로 없다. 음악은 한 번 꺾이면 회복이 안 된다. 세계적 스타로 화려한 조명 아래 춤추고 노래하다 어느 날 전혀 환경이 다른 군대에서 총 쏘고 철책 근무하고 내무반 생활 하다 보면 머리가 굳어버린다. 감성이 죽어버린다. 제가 실제 겪었다. 미국이나 영국은 군대에 안 가니 세계적인 록스타가 나오는 것 아닌가. 순전히 창작자로서의 제 생각이다. 당국에서 보시면 참고만 해 달라."

국내에는 유독 록 팬이 적다며 아쉬움을 토로했는데?

──

"4년 만에 귀국해보니 국내 대중예술계는 BTS와 트롯뿐이다. 록과 같은 장르가 낄 공간이 없다. 고기와 밥뿐이다. 둘 다 훌륭하지만, 반찬이 필요하다. 록은 반찬 중의 하나다. 일본의 록 시장이 5천만 명이면 우리나라는 200만 명에 불과하다. 다양한 장르가 사랑받는 나라가 선진국이다. 우리나라도 다양한 록 팬들이 많이 늘었으면 좋겠다."

마지막 앨범을 낸다고 하니 감회가 남다를 것 같다. 어떤 가수로 기억되고 싶나?

"불행한 가족사로 어린 시절 정체성 혼란이 컸다. 부산에서 고등학교 다닐 때는 양키로 놀림을 받았다. 미국에서는 눈 찢어진 아시안으로 취급받았다. 어디에도 속하지 못했다. 태평양 한가운데 떠 있는 종이배나 다름없었다. 여태껏 제 삶이 한순간도 고통스럽지 않은 적이 없다. 아이러니하게도 그게 창작 활동의 자양분이었다. 고통과 절망 속에서도 음악을 통해 사랑과 평화를 외친 한대수로 기억해줬으면 한다. 이번 15집에 반응이 좋았으면 하는 욕심도 있다. 트롯의 나훈아 선생이 저보다 연배가 위인데, 이번에 대박이 났다. 이 70대 로커도 국민이 사랑해주시면 고맙겠다."

그를 인터뷰한 날(2020년 11월 2일)은 미국 대선일 하루 전이었다. 뉴요커로 40년을 미국에서 살며 그들의 삶과 문화에 해박한 그에게 대선 전망을 물었다. "바이든 후보가 어렵게 이기는데 트럼프가 승복하지 않아 당분간 혼란이 일 것 같습니다." 개표 결과, 정확히 그의 말 그대로다. 놀랍다.

인터뷰 후에 영상과 책을 통해 한대수를 '공부'해보니 단순히 노래만 부르는 대중예술인으로 규정하기에는 부족하다. 기후와 환경, 4차 산업, 인권, 청소년 문제 등 글로벌 이슈에 대한 깊이 사유하는 철학자라 불러도 손색이 없다. 코로나 난리 통에 낸 15집이 꼭 성공하기를 바란다. 그가 '화폐'를 좀 벌어 서울에 오래 머물기를 바란다.

가수 한대수는…

·1948년 부산 동래 출생 ·1958년 도미 ·1966년 미국 뉴햄프셔대 수의학과 입학 ·1967년 뉴욕 사진학교 사진 전공 ·1968년 서울 세시봉 공연, 싱어송라이터로 데뷔 ·1970년 대한민국 국전 사진 부문 수상, 한국디자인포장센터 3급 공무원(디자이너) ·1974년 1집 앨범 '멀고 먼 길' 발표 ·1975년 2집 '고무신' 발표 ·1988년 LA 버뱅크에서 사진관 매니저 활동 ·1989년 한국 귀국, 3집 '무한대' 발표 ·1990년 4집 '기억상실' 발표 ·1991년 5집 '천사들의 담화' 발표 ·2003년 KBS 가요대상 공로상 ·2005년 제2회 한국대중음악상 공로상 ·2010~17년 CBS 라디오 '손숙 한대수의 행복의 나라로' 진행자 ·저서로 〈나는 매일 뉴욕 간다〉 〈올드보이 한대수〉 등 다수

방귀희 한국장애예술인협회장은 장애인에 대한 차별과 편견에 맞서 장애인의 영토를 확장해온 여성 장애인 지도자다. 그에겐 최초의 휠체어 대학생, 최초의 휠체어 방송인, 최초의 휠체어 대통령 문화특보란 수식어가 늘 따라붙는다. 그는 인터뷰에서 "500여 년 전 세종대왕 때 장애인 기용의 기조가 된 '이 세상에 버릴 사람은 하나도 없다'는 말은 문재인 정부의 '사람이 먼저다'는 말과 맥이 닿아 있는 것으로 해석하고 싶다"며 "정부의 현실적이면서도 체감할 수 있는 장애인 정책을 기대한다"고 말했다.

방귀희[*]

1만 장애예술인 창작 지원 위해 뛰는 미소 천사

장애인을 대하는 비장애인들의 태도는 대체로 이중적이다. 평소에는 "당해보지 않고서는 모른다"며 그들에게 동정과 선의를 나타낸다. 이것도 일정 거리를 유지할 때만 해당된다. 장애인이 가까이 다가가려 하면 금세 불편해한다. 더욱이 "이웃이 되겠다"고 하면 거북함을 넘어 '결사반대'를 외친다. 장애인 시설에 따라붙는 님비는 우리 사회 고질병이다. 나라는 선진국 진입을 문턱에 두고 있지만 우리 사회 곳곳엔 장애인에 대한 편견과 차별의 사시^{斜視}가 여전하다.

이런 반反장애인 환경에 맞서 장애인의 활동지평을 확장해온 이

•••••••
* 한국장애예술인협회 회장(2018. 04. 14)

가 있다. 한국장애예술인협회 방귀희 회장이다. 지체장애 1급인 그가 장애를 극복하고 이룬 개인적 성취 못지않게 그는 30여 년간 이름조차 생소했던 장애예술인들의 활동공간을 넓혀 왔다. 그래서 장애예술인들의 대모로도 불린다.

제38회 장애인의 날(20일)을 앞둔 2018년 4월 12일 서울 금천구 가산동 디지털단지 내 'e美지' 사무실에서 방귀희 회장을 만났다. 〈e美지〉는 그가 운영하는 장애인 예술잡지다. 늘 그랬던 것처럼 이날도 환한 미소로 기자를 맞았다.

그에게 미소는 본능이나 다름없다. 어릴 적 어머니가 늘 웃으라고 가르쳤다. "너 같은 장애아를 보면 사람들이 불쌍해하며 불편해한다. 그런 사람을 안심시키기 위해서라도 '무조건 웃어야 한다'고 웃는 연습을 시켰다"는 것이다.

오랜 방송 일을 하면서 처음엔 어색했던 장애아의 미소는 어느덧 여성 장애인 지도자의 트레이드마크가 됐다. 그에겐 비장애인이 장애인에게서 느끼는 무거움과 어둠을 전혀 찾아볼 수 없다. 함께 있으면 덩달아 기분이 좋아진다.

그는 태어나면서부터 한 번도 걸어본 적이 없다. 한 살 때 소아마비를 앓아 두 다리와 왼팔을 못 쓴다. 4지四肢 가운데 1지만 멀쩡하다. 그 오른손 기능도 40%밖에 남지 않았다. 어머니는 1남 3녀 중 막내의 장애 판정에 처음엔 낙담했다.

하지만 장애에도 눈빛이 초롱초롱해 총기가 있어 보이는 막내딸을 포기할 수 없었다고 한다. 마음을 다잡고 제대로 키우기로 결심했다. 처음부터 장애인 학교가 아닌 일반 학교에 보냈다. 하루하루가 힘든 시기였다. 외계인을 보는 듯한 불편한 시선과 맞서야 했고, 비용도 일반 학생의 3배 넘게 들어 경제적 어려움도 컸다. 다행인 것은 초등학교부터 대학원까지 거치는 내내 공부를 꽤 잘했다. 무학여고를 수석 입학하는 기염을 토했다.

늘 자신감이 넘쳤던 그였지만 1976년 대학 입학 때 처음으로 큰 좌절을 맛본다. "K대 의대를 가고 싶었는데 못 들어갔어요. 요즘은 장애인 특례입학제가 있어 장애학생에게도 기회가 있지만 그때만 해도 장애인은 대학을 갈 수 없었어요. 기막힌 것은 대학 입학 규정에 직립보행이 가능해야 한다는 거예요. 지체장애가 있으니 제 스스로 설 수 없죠."

우여곡절 끝에 동국대 불교철학과에 입학했다. 대학과 전공을 스스로 택한 게 아니라 장애인을 받아준 유일한 곳이었기에 입학한 것이다. 국내 첫 휠체어 대학생이 됐다. "대학은 부처님의 선물이라고 늘 말해요. 동국대가 그때 입학을 허가하지 않았으면 지금의 방귀희는 없을 테니까요."

대학 시절에도 주변의 차가운 시선은 여전했다. 친척들도 "등골빠지게 뭐하러 병신년을 대학 공부 시키느냐! 먹고살 만한 집 하나만 주면 되지 않느냐"는 핀잔을 늘어놓기 일쑤였다. 힘든 어머니를 생각해서라도 책상 앞을 떠나지 않았고, 결국 대학을 수석 졸업했다.

그는 최초의 휠체어 방송인이란 타이틀도 얻게 된다. 졸업하던 해인 1981년은 유엔이 정한 '세계 장애인의 해'였다. 라디오 방송에서 출연 제의가 들어왔다. 휠체어 타고 대학을 졸업한 1호 장애인이어서다.

방송 도중 진행자가 물었다. "수석 졸업 대단합니다. 그런데 몸이 불편하신데 지능에는 문제가 없나요?" 듣기 힘든 모욕이었지만 웃으면서 답했다. "지능이 낮은데 수석 졸업할 수 있겠어요? 신체장애는 지능과는 상관이 없습니다."

방송 후에 똑부러지게 말하는 그에게 격려가 쏟아졌다. 이후 KBS 라디오 '내일은 푸른 하늘' 고정출연자에서 진행자가 됐다. 31년간 KBS, EBS, BBS에서 간판급 방송인으로 이름을 날렸다.

시와 수필을 즐겨 쓰는 문인이기도 한 그가 주목한 것은 장애인 문학이었다. 1991년 국내 최초의 장애인 문예지인 〈솟대문학〉을 창간했다.

"중증장애인 대부분이 하루 종일 방 안에 갇혀 살고 있잖아요. 그런데 무언가를 표현하고 싶어 해요. 창작 욕구죠. 언어장애가 있거나 앉을 수 없어서 엎드려 누워 입에 타자 봉을 물고 워드를

칩니다. 컴퓨터가 없을 때는 입에다가 연필을 물고 글씨를 써요. 하지만 작품을 발표할 데가 없었어요. 그들의 발표할 장을 만들어야겠다고 생각해서 〈솟대문학〉을 창간했어요."

발행인으로 2015년 문을 닫을 때까지 25년간 〈솟대문학〉을 이끌었다. '돈 안 되는' 장애인 문학지이지만 한 번도 결간 없이 지령 100호까지 만들어낸 것은 지금 생각해도 기적이라고 회고한다. 〈솟대문학〉을 통해 장애 문인 820명의 글이 소개됐다. 장애 문인 160여 명이 지금은 시인·소설가·아동문학가로서 보람을 갖고 살아가고 있다.

카랑카랑한 목소리의 그가 시각장애 1급 시인 손병걸의 시 '나는 열 개의 눈동자를 가졌다'를 기자 앞에서 낭송했다. 손병걸 시인도 〈솟대문학〉을 통해 세상에 이름을 알렸다.

"직접 보지 않으면 믿지 않고 살아왔다 시력을 잃어버린 순간까지 두 눈동자를 굴렸다/ …두 손으로 바닥을 더듬었는데 짓무른 손가락 끝에서 뜬금없이 열리는 눈동자…/ 스치기만 하여도 환해지는 열 개의 눈동자를 떴다."

그는 "손병걸 시인도 군대생활 중 실명했지만 손끝으로 세상 보는 방법을 터득했다. 이것이 장애인 문학의 가치"라고 했다.

안타깝게도 〈솟대문학〉은 정부가 문예지에 대한 지원을 중단하면서 폐간했다. 요즘은 장애인종합지 〈e美지〉와 〈솟대평론〉을 발간하며 장애인 문학의 명맥을 이어가고 있다.

방귀희 회장의 요즘 관심사는 1만 장애예술인들이 마음껏 창작 활동할 수 있는 제도적 기반을 만드는 일이다. 장애예술인 창작지원제도 등을 담은 '장애예술인지원법률' 제정을 위해 국회와 문화체육관광부 관계자를 찾아다니며 취지를 설명하고 설득하느라 바쁜 나날을 보내고 있다.

이 법안은 복지 사각지대에 있는 장애예술인들을 위한 장애예술인 공공쿼터제와 장애예술인 후원고용제도가 골자다. 장애예술인 공공쿼터제는 방송·영화·공연 등 예술 활동에 장애예술인들의 참여를 일정 비율로 정해 의무화하는 제도다. 장애예술인 후원고용제도는 기업에서 장애예술인을 후원하면 장애인 고용으로 인정하는 제도다.

"장애인 스포츠 선수들은 장애인올림픽에 출전해 메달을 획득하면 일반 선수들과 같은 액수의 연금을 받아요. 전국대회, 세계대회, 종목별대회 등 출전 기회도 많습니다. 반면에 장애예술인 10명 중 8명은 창작물을 발표할 기회조차 갖지 못합니다. 이들 대부분이 경제적 어려움을 호소해요."

방귀희 회장은 2012년에는 휠체어 장애인으로는 처음으로 1년간 대통령 문화특보로 몸담았다. 2013년에는 대통령 직속 문화융성위원회 위원으로 활동했다. 이 시절 장애인 예술에 대한 개념을 만들고 이들을 지원하기 위한 정책개발에 힘을 쏟았다.

하지만 당시 정부의 장애인 예술에 대한 관심이 부족한 상황이라 정책을 진전시키기엔 역부족이었다고 한다. 이후 박근혜 정부에서 장애예술인으로는 드물게 블랙리스트에 올라 상당기간 활동을 접어야 했다. 그는 언급을 삼갔지만 〈솟대문학〉 폐간도 블랙리스트 여파 탓이었다고 한다.

방귀희 회장이 존경하는 인물은 미국의 프랭클린 루스벨트 대통령이다. 39세에 척수성 소아마비로 불구가 된 장애인이지만 4선을 한 대통령이다. 경제 대공황을 극복했고, 제2차 세계대전을 승리로 이끌어 미국 역대 대통령 중 링컨 다음으로 존경받는 대통령으로 꼽힌다. 루스벨트의 어록 "우리가 두려워해야 할 것은 두려움 그 자체뿐"은 방귀희 회장의 좌우명이기도 하다.

방귀희 회장은 문재인 정부의 장애인 정책에 대한 기대가 크다고 했다. "지난달 평창 패럴림픽 때 문재인 대통령이 직접 관전하고 선수를 응원하는 모습은 인상적이었어요. 특히 김정숙 여사께서는 대회 기간 상주하다시피 하며 응원해 장애인들이 고마워해요. 무엇보다 대통령께서는 늘 '사람이 먼저'라고 하셨잖아요. 우리 같은 장애인을 비롯한 사회적 약자에 대한 배려가 보입니다. 조선의 3대 악성樂聖 박연이 세종에게 '이 세상에 버릴 사람은 아무도 없다'고 한 말을 떠올리게 해요. 장애인의 날이 코앞인데 일회성

행사보다 오래 지속할 수 있는 실효성 있는 장애인 정책을 기대합니다."

인터뷰를 끝내며 그가 말했다. "지금은 장애인 지도자로 인정받고 있지만 돌이켜보면 저는 비장애인에게 뒤지지 않기 위해 아등바등 살아온 불행한 장애인입니다. 지금도 무언가를 하지 않으면 불안할 정도로. 앞으로는 장애인들이 저 같은 전투적인 삶을 살지 않기를 바랍니다. 편견과 차별 없는 법과 제도가 마련돼 장애인 누구라도 노력하면 주류사회의 일원으로 당당하게 살아갈 날이 왔으면 좋겠습니다. 그게 우리가 바라는 선진국이 아닐까요."

(주: 방귀희 회장이 인터뷰 당시 애타게 이야기하던 장애예술인지원법이 2020년 6월에 제정됐다는 소식을 전해왔다. 지난 8년 동안 1만여 문건을 만들며 단 한 번의 시위도 없이 오로지 펜대 하나로 이루어낸 장애예술인지원법은 국내는 물론 세계 최초의 장애예술인 관련 법률이라 한다.)

30년 넘게 의수·의족 등 장애인 보장구를 만들어온 선동윤 대표는 인터뷰에서 "비장애인에게는 당연한 손과 발이지만 절단장애인들에게는 평생의 불편이자 한이다. 이분들에게 최적의 새 손과 새 발을 선물해 잃었던 웃음을 되찾게 해주는 일을 내 생의 복이자 업으로 여기고 있다"며 "복지재단 이사장으로서 이들이 비장애인과 동등하게 사회의 일원으로 당당히 살아갈 수 있게 지원하는 방안을 연구하겠다"고 말했다.

선동윤*

장애인 6만 명에 새 삶… 회사 이름에 불굴의 의지 담겼죠

우리나라 장애인은 약 400만 명이다. 이 중 25만 명이 절단장애인으로 추정된다. 뜻하지 않은 각종 사고나 질환으로 손과 발 등 신체의 일부를 잃게 된 이들이다. 지난 30여 년간 이들에게 새 손(의수)과 새 발(의족)을 맞춰주고 새 삶을 살게 한 이가 국내 대표적 보장구업체 서울의지 선동윤 대표다.

장애인 보장구 분야 달인으로 불리는 그가 의수·의족을 해준 이도 줄잡아 6만여 명이다. 절단장애인들 사이에서 그는 유명인이다. 2005년부터는 장애인 보장구업체 CEO에 만족하지 않고 장애인을 지원하는 복지재단을 설립해 각종 사회공헌 활동도 하고 있다. 탈

* 서울의지 대표(2019. 09. 06)

북장애인 의족 지원 사업, 절단장애인 히말라야·백두산 원정 지원, 동남아 절단장애인 지원 등 그간 해온 봉사활동은 헤아릴 수 없을 정도다.

선동윤 대표는 "실의에 빠져 있던 절단장애인이 '잘 맞는' 의수·의족을 한 뒤 웃음을 다시 찾아 사회로 복귀하는 모습을 보는 일은 언제나 짜릿하며, 삶의 보람을 느끼게 한다"고 말한다.

지난 2019년 9월 5일 서울 용산구 한강대로 용산역 인근에 있는 서울의지 사무실을 찾았다. 문을 열고 들어서자 절단장애인들이 직원과 상담하는 장면이 눈에 들어온다. 한 쪽에서는 장애인 직원이 의족을 착용한 채 계단을 오르내리며 의족을 점검하는 등 분주하다. 인상 좋은 아저씨 같은 웃음을 띤 선동윤 대표가 반갑게 기자를 맞았다. 절단장애인과 함께 울고 웃었던 그의 인생 이야기를 차분하면서도 진지하게 들려줬다.

'서울의지'란 이름으로 장애인 보장구 업체인지 알 수가 없다. 이유가 있나?

"의지는 '인공으로 만든 팔다리'란 뜻이지만 불굴의 의지, 삶의 의지 같은 것을 연상할 수 있다. 무엇보다 의수·의족 만드는 곳인지 알 수 없게 했다. 장애인들은 구체적 장애 내용이 들어가는 것을 꺼린다. 회사는 30여 년 동안 한 번도 이사를 안 했다. 용산역 근처 이 자리다. 수도권은 물론 지방의 장애인들이 쉽게 찾아오게 하기 위해서다. (오면서 보셨겠지만) 대로변에 있으면 사람들 눈에 잘 띄어 장애인들이 불편할 수도 있다. 그래서 작업실과 사무실도 골목 안쪽에 있다. 비장애인이 보면 아무것도 아니지만, 이런 작은 것들도 늘 생각하며 살피고 있다."

자수성가한 인물로 꼽힌다. 장애인 보장구와의 인연은?

"전남 보성의 가난한 집안 4남 1녀 중 둘째였다. 당시 쌀밥은 사치였고, 감자나 고구마로 끼니를 때우는 경우가 많았다. 중학교를 졸업하고 광주로 이사해 야간고등학교를 다녔다. 생활비를 벌기 위해 우유와 신문 배달을 했다. 2학년 때다. 겨울철 새벽에 추위에 떨며 배달하는 것을 딱하게 봤던 큰어머니가 '추위는 피하라'며 실내에서 작업하는 공장을 소개해줬다. 바로 의수·의족을 만드는 곳이었다. 눈썰미가 있어서인지 금방 기술을 익혔다. 절단장애인과의 인연의 시작이었다. 고교 졸업 후에는 7만원을 들고 무작정 상경했다. 광화문과 용산 일대의 의수·의족업체를 찾아다니며 취업을 부탁했다. 몇 군데를 거쳐 지금의 이 공장에 둥지를 틀었다. 작업실 바닥에서 자며 밤낮 없이 의수·의족 기술을 배웠다."

회사를 장애인 사장님으로부터 물려받았다고 들었다.

―――――

"서울의지는 1947년 철도청 부설 의수족 공장으로 문을 연 국내 대표적인 보장구업체다. 제가 상경해 몇 곳을 전전하다 자리를 잡은 곳이다. 지금은 작고하신 윤금조 사장님은 오른쪽 다리와 왼쪽 발목이 없는 장애인이었다. 사장님께선 제가 장애인 고객과 상담을 하거나 의수·의족을 잴 때 무릎을 꿇고 올려다보며 작업을 하는 모습을 좋아했다. 성실하다며 좋게 봐주셨다. 어느 날 사장님이 자신의 의족을 만들어 달라고 했다. 며칠간 밤잠을 자지 않고 완성했더니 딱 맞는다며 흡족해했다. 그 일로 이후 나에게 이 공장을 물려주셨다. 지금 생각하니 나를 테스트하신 것이다. 당신의 아들과 조카도 있었는데 저한테 물려주신 것이다. 공장은 1억원 정도 가치가 있었으나 2천 만원만 받으셨다. 감사와 존경 표시로 돌아가실 때까지 30년간 매달 100만원을 용돈으로 드렸다. 장애인 사장님 덕에 촌놈이 사장이 됐다. 지금 생각하면 내가 복이 많은 사람이다."

각종 봉사활동을 하면서 기억에 남은 순간이 있을 텐데?

―――――

"2007년에 북에서 온 여자 마라톤 선수를 지원한 일이 있다. 탈북 과정에서 양쪽 발이 동상에 걸려 다리를 절단했다. 실의의 나날을 보내고 있다는 것을 듣고 딱 맞는 의족을 해줬다. 지금은 밝게 살아가고 있다고 들었다. 캄보디아 절단장애인들에게도 의족 지원 사업을 했었다. 우리가 의족을 해준 이들 가운데 한 명이 베이징 패럴림픽에 캄보디아 대표로 출전해 '다리를 해준 대한민국에 고맙다'고 언론 인터뷰에서 밝혀 회사가 주목을 받았다. 2008년에는 절단장애인의 히말라야 칸진리봉 등반도 후원했다. 실내에만 머무르는 장애인들에게 더 큰 세계를 보고 꿈을 키우라는 취지였다. 이 사업도 언론에 '칸진리봉의 기적'으로 대서특필됐다. 좋은 일을 하는 훌륭한 분들이 저 말고도 많을 텐데 제가 장애인 돕는 일을 하다 보니 유독 좋게 평가되고 부각되는 것 같다. 2013년에는 장애인 고용과 복지 향상에 앞섰다고 국민훈장 목련장을 받았다. 감사할 따름이다."

그가 말한 칸진리봉의 기적 주역 가운데 한 명은 이 회사 직원 정상민(45) 씨다. 어릴 적 교통사고로 다리를 잃은 뒤 서울의지 고객이 돼 선동윤 대표와 인연을 맺었다. 의기소침한 그에게 선 대표는 늘 "걱정할 것 없다, 내가 네 인생을 책임질 테니 우리 회사에서 일하자"고 해 함께 일하고 있다. 그는 "사장님 덕에 직장도 얻고, 결혼도 하고, 자식도 얻었다"며 "제게는 아버지와 같은 분"이라고 했다.

장애인에 대한 대우 등 배려가 남다르다고 들었다.

———

"직원 100여 명 가운데 20명이 장애인이다. 비장애인에 비해서도 급여 등 대우에 차별을 두지 않는다. 능력의 차이도 없다고 여기기 때문이다. 이들은 성실도와 로열티가 뛰어나다. 비장애인들은 언제든지 회사를 떠날 수 있지만, 이들은 평생직장으로 여긴다. 이직률이 제로다. 회사가 성장하는 데 장애인 직원들의 도움이 컸다. 이들은 장애인 보조기를 만드는 연구개발 과정에 참여한다. 의수를 착용한 채 움직이거나 물건을 잡는 등 기능과 소재를 개선하는 과정에서 기술적 조언을 하고, 직접 제품을 개발하고 있다. 힘줄과 손톱까지 실제 손처럼 만든 미관용 의수부터 인공지능형 센서가 부착된 전자 의족과 의수를 만드는 데 이들의 역할이 크다. 무엇보다 오늘의 저를 있게 한 분이 장애인 사장님임을 늘 새기고 있다. 장애인 덕분에 사는 삶이니 장애인을 늘 받들고 모시고 살아야 한다는 마음가짐이다."

의수·의족 기술 수준은 어느 정도인가?

———

"과거에는 신체 외형만 흉내를 냈던 수준이었으나 지금은 놀라울 정도다. 상지 절단장애인의 경우에는 예전에는 가족의 절대적인 도움이 필요했다. 하나 이제는 센서가 부착된 전자 의수가 개발돼 독립생활이 가능하다. 인체와 유사하게 작동해 컵을 잡았다 놓았다 할 수 있을 뿐 아니라 책장을 한 장씩 넘길 수도 있다. 손가락을 쥐었다 폈다 할 수 있는 데다 손목을 회전하고 꺾을 수도 있어 자연 손과 흡사하다. 일반 의수를 착용하고는 불가능한 운전도 가능하다. 형태 또한 실제 손과 구분이 안될 만큼 정교하게 실리콘으로 만들어져 외관상 장애를 알아보기가 어려울 정도다. 최근에는 스포츠 의족 개발도 활발하다. 스노보드 의족을 비롯해 볼링 의족, 러닝머신 의족, 골프 의족, 등산용 의족, 방수용 수영 의족도 있다. 장애인들도 이제는 다양한 스포츠 활동을 즐길 수 있게 됐다."

절단장애인들이 보장구 지원에 관한 아쉬움을 토로한다고 들었는데?

———

"장애인들은 몸에 맞는 최적의 보장구를 바란다. 의족과 그 의족이 닿는 환부가 잘 맞지 않으면 통증은 물론 불편함은 이루 말할 수 없다. 맞지 않는 의족을 착용한 채 5천 보를 걸으면 5천 번의 통증을 느낀다. 그래서 품질이 좋은 최고의 보장구를 원한다. 하나 정부의 보장구 지원은 40%는 보조하고, 60%는 본인이 부담하는 정도다. 최고의 제품을 하고 싶은데 국가의 지원 기준은 일반제품 수준이다. 좀 더 좋은 의족을 해주면 비장애인과 거의 똑같은 생활을 할 수 있는데 경제적인 부담이 돼서 좋은 의족을 못하다 보니 안타깝다. 영국의 경우 장애인 보조기구를 국가가 평생 무상으로 빌려주고 있다. 프랑스는 보장구 수리비까지 국가가 부담하고 있다고 알고 있다. 정부에서 이런 문제에도 관심을 가졌으면 좋겠다."

앞으로의 계획은?

"절단장애인을 위한 재활전문병원을 설립하는 게 꿈이다. 이들이 한 공간에서 원스톱으로 치료와 재활할 수 있는 체계적이고 전문적인 병원을 말한다. 얼마 전에도 안타깝게 대구 이월드에서 알바생이 사고로 다리를 절단하게 됐다는 뉴스를 봤다. 언제, 어디서나 불의의 사고나 각종 질환으로 절단장애인이 생겨난다. 절단장애인들이 언제나 방문해 몸의 장애는 물론 마음의 장애, 심리치료까지 할 수 있는 공간을 마련하는 것이다. 번 돈을 사회에 환원한다는 차원에서 장애재단 이사장으로 해야 할 역할도 다하겠다. 25만 절단장애인들을 위한 다양한 지원 사업을 확대할 계획이다.

이런 문제는 무엇보다 언론의 관심이 필요하다. 장애인의 날에만 많이 찾던 데 평소에도 많이 취재해서 보도해 달라. 장애인이 행복한 나라가 선진국이라고 하지 않나."

선동윤 대표는…

• 1958년 전남 보성 출생 • 1983년 서울의지 대표 • 2000년 중국 조선족 장애인직업훈련소 및 영세장애인 의족 지원 • 2004년 국민훈장 석류장 • 2005년 사회복지법인 에이블복지재단 이사장 • 2007년 탈북장애인 의족 지원 • 2008년 절단장애인·혼혈인 히말라야 등반 지원, 캄보디아 정부 훈장 • 2009년 절단장애인 백두산 등반 희망원정대 지원 • 2013년 국민훈장 목련장 • 2014년 기획재정부 장관 표창

성악인 출신의 왕소영 대표는 장애를 가졌다는 이유로 예술적 재능을 펼치지 못하는 장애인에게 국내외 무대를 마련해 이들이 전문 연주자로의 꿈을 이룰 수 있게 헌신하고 있다. 그는 장애인의 날을 앞두고 가진 인터뷰에서 "장애인들은 우리 사회에서 특별한 존재가 아닌, 함께 어울려 살아가는 이웃이며 가족"이라며 "편견 없는 따뜻한 시선으로 장애인과 장애예술인의 삶을 한 번씩 돌아봤으면 좋겠다"고 말했다.

왕소영[*]

편견 딛고 재능 꽃피게 도와 …
발달장애 가정에 희망 보이고파

2020년 4월 20일은 제40회 장애인의 날이다. 다른 여느 행사와 마찬가지로 이날 장애인의 날 기념식은 신종 코로나바이러스 감염증(코로나19) 여파로 열리지 않는다. 지난해까지는 장애인의 날을 전후해 수많은 장애예술인의 공연이 잇달아 열렸지만, 올해는 모두 취소됐다. 그간 밤낮없이 연습하고도 무대에 서지 못하는 장애예술인들의 '코로나 블루'는 일반인보다 더하다.

  장애예술계의 코로나19 타격을 누구보다도 속상해하는 이가 한국발달장애인문화예술협회 아트위캔 왕소영 대표다. 비장애인으로 장애예술계에 뛰어들어 8년째 발달장애 예술인들의 연주 무대

•••••••••
* 한국발달장애인문화예술협회 아트위캔 대표(2020. 04. 17)

를 마련하고, 이들을 전문연주자로 성장할 수 있게 이끄는 장애예술계의 유명 인사다. 이탈리아에서 유학한 성악인으로서 젊은 시절 각종 무대에서 주연으로 활동했다. 결혼 후 10여 년간 문화예술기관에서 일하던 그가 어느 날 장애예술인 행사를 기획하다 그의 말대로 '운명처럼' 장애예술계에 몸을 담게 됐다. 발달장애. 아이들과 해외와 지방공연을 다니다 보면 시간 가는 줄 모른다고 한다. '의미 있고 보람 있는' 인생 2막을 살고 있다고 스스로 말한다.

장애인의 날을 앞둔 지난 4월 17일 서울 동작구 상도동의 한 건물 지하에 있는 아트위캔 사무실을 찾았다. 좁은 계단을 타고 내려가 만난 왕소영 대표는 페인트 붓을 든 채 반갑게 기자를 맞았다. 코로나19로 아이들이 연습을 쉬는 만큼 연습실 내부 수리를 하고 있었다. 일하는 사람이 그 혼자다. 인건비 절약을 위해 혼자서 모든 작업을 하고, 꼭 필요할 때만 사람을 쓴다. 장애예술인 단체의 현주소를 보는 듯했다. 그로부터 발달장애 예술인과의 인연과 활동, 그간의 어려움과 바람 등을 들었다.

코로나 사태 속에 어떻게 지내나?

"장애예술인들이 코로나로 직접적인 영향을 받고 있다. 공연이 모두 취소됐다. 4월 장애인의 달에는 매년 행사가 몰렸는데 올해는 한 건도 없다. 한 케이블방송과 문화 나눔 노래자랑 오프닝 공연을 하기로 했는데 이것도 취소됐다. 너무 쉬면 단원들의 기량도 떨어질 뿐 아니라 힘들어 한다. 대표인 제가 백방으로 공연 무대를 이리저리 알아보고 있다. 뭐라도 할 수 있게 해줘야 한다. 정 안 되면 유튜브를 통해서라도 연주 무대를 마련할 계획이다."

발달장애인문화예술협회에서 하는 일과 대표적인 장애예술 단원을 소개한다면?

"발달장애인 음악 전문 연주단체다. 발달장애인이라 하면 자폐성 장애, 지적 장애가 있는 이들을 말한다. 이들 중에 예술적 재능이 있는 아이들을 선발해 무대를 만들어주고 전문 예술인으로 육성한다. 100여 명의 발달장애 아티스트들이 있다. 초보자들이 아니고 음악대학에서 클래식, 국악, 팝 등을 전공한 전문 예술인들이다. 2013년 평창 동계스페셜올림픽 폐막식에서 애국가를 독창한 박모세, 판소리로 대통령상을 수상한 장성빈, 평창 동계스페셜올림픽 폐막식에서 독주한 기타리스트 김지희. 유럽 오케스트라와 협연한 소프라노 박혜연, 팝밴드 슈가슈가 리더인 보컬 임세훈은 장애인은 물론 비장애인들에게도 잘 알려진 아티스트이다."

장애예술인 단체로는 드물게 수많은 국내외 공연 실적이 있는데?

───────

"지난해(2019년) 7월에는 제가 인솔해 10일간 포르투갈 리스본과 스페인 마드리드로 공연을 다녀왔다. 리스본 발달장애인협회에서 연주를 했고, 론다시 스페인광장 무대에도 섰다. 마드리드 한국문화원에서는 전통공연도 선보였다. 가는 곳마다 현지인의 환호와 박수를 받았다. 한 관객은 우리 공연을 보고 '발달장애인들의 연주 모습을 보니 대단하다. 우리에게는 발달장애인 공연 전문단체가 없다. 우리나라에도 장애를 극복해 훌륭한 실력을 갖춘 음악인들이 있으면 좋겠다'고 했다. 단원들에게는 이 원정 공연이 행복한 기억으로 남아 있다. 수시로 이때의 추억을 얘기한다. 이런 연주 경험과 성취가 이들에게 자신감을 불어넣어 장애를 딛고 전문 연주자로 성장할 수 있게 한다. 자랑거리가 있다. 크고 작은 상을 많이 받았다. 밤낮없이 연습해 이룬 결과다. 2016년 8월 대한민국 장애인예술경연대회 스페셜K에서 우리 슈가슈가 팝밴드가 은상, 아트위캔 현악 앙상블이 장려상을 받았다. 2017년 10월 제1회 한국발달장애인 음악축제에선 슈가슈가 팝밴드가 최우수상을, 아트위캔 클라리넷 앙상블이 우수상을 받았다. 2018년 10월 제2회 전국발달장애인 음악축제에서는 그랑-미라클밴드가 최우수상을 받았다. 거의 매년 해외공연도 다녀왔다. '세계는 넓고 공연할 무대는 많다'는 것을 보여주고 싶었다. 2016년 11월 일본 오사카, 2017년 5월 미국 로스앤젤레스의 LA 어린이병원, 2018년 5월에는 오스트리아 빈, 체코 프라하 공연을 다녀왔다. 지난해 6월 일본 요코하마를 다녀왔다. 코로나가 잦아들면 앞으로 가능한 한 많은 무대를 만들 계획이다."

발달장애 예술인과 함께 하는 삶을 살게 된 계기가 있나?

"원래 성악을 했다. 이탈리아 아코포 토마디니 국립음악원과 로마 아르츠 아카데미아를 졸업한 뒤 귀국해 2000년 뮤지컬 '팔만대장경'에서 주연을 맡는 등 여러 무대에서 활동했다. 세상일이 뜻대로 되지 않았다. 이후 성악인의 꿈을 접고, 대학교 강사로 활동하다 우연한 기회에 문화예술기관에 발을 들여놓게 됐다. 정동극장과 국립박물관 문화재단에서 15년 홍보·기획 업무를 했다. 사람만나는 것을 좋아하고, 일을 찾아서 하는 스타일이다. 정동극장에서는 전통 상설 공연에 외국인 관람객을 많이 유치해 월드컵기장상을 받았다. 박물관 문화재단에 있을 때는 국립박물관의 성공적인 개관에 기여한 공로로 문화부장관상도 받았다. 그러던 어느 날 박물관 문화재단에서 장애인 행사를 열었는데, 이 과정에서 예기치 않은 갈등이 생겼다. 더는 이곳을 다니기 힘든 상황이 됐다. 그때 평소 저를 눈여겨 봐온 장애예술계 인사가 성악을 한 데다 행정 경험이 있으니 장애예술인 단체에서 일하면 어떠냐 제의해와 2012년부터 사랑나눔 위캔에서 장애예술인들과 함께 하는 제2의 삶을 시작했다. 이듬해에 제가 발달장애 음악인들을 전문적인 예술인으로 육성하는 이 단체를 만들어 8년째 일하고 있다. 저는 신앙인이다. 삶을 돌아보니 그간의 공부와 인맥, 행정 경험 등이 결국은 하나님께서 장애아이들을 위해 쓰라고 훈련을 시킨 거라 생각됐다. 이들과의 만남은 저의 모성애를 자극했다. 더욱 많은 사랑을 나눌 수 있게 이 자리로 인도한 것 같다."

장애예술인 단체 대표로 장애인의 '특별한 능력' 발굴을 많이 강조해왔는데?

"'의학계의 시인'으로 불린 미국 정신의학자 올리버 색스는 '장애는 단순한 신체적 손상과 결여가 아니라 다른 지각세계, 다른 생활세계를 만들어내고 있는 가능성의 영역'이라고 했다. 비장애인이 놓친 몸과 정신의 특별한 능력을 발견하게 된다는 것이다. 장애예술인들을 대할 때마다 이 말을 실감한다. 2013년 평창 동계스페셜올림픽에서 애국가를 독창한 박모세 군을 기억하는 이들이 많다. 인간승리의 아이콘이다. 태아 때부터 후두부에 뼈가 없어 뇌의

90%를 절제한 그는 감동을 준다. 러시아 피아니스트 예브게니 키신은 자폐증에도 어릴 때부터 재능 교육을 통해서 세계적 명성을 얻었다. 우리 단체가 규모는 작지만 그 역할을 하려 한다. 예술적 재능이 있으나 장애 때문에 꽃피우지 못한 이들에게 한계를 극복하고 예술적 성취를 이루는 데 도움을 줄 수 있는 일이다."

그간 어려움이 적지 않았을 텐데?

"보시다시피 사무실 겸 연습실이 지하에 있고, 규모도 작다. 스스로 초라하다고 느낄 때도 있다. 친한 이들에게 가끔 어려움을 얘기하면 '왜 하느냐'며 말리곤 한다. 그렇지만 천생 내 일이라고 여기며 이겨낸다. 아이들과 열심히 연습해 좋은 공연을 하고 나면 '해냈다'는 성취감이 작지 않다. 단원들을 보면 힘이 절로 난다. 이들과 어울리며 수업하는 시간이 제일 즐겁다. 코로나19로 공연이 없는 탓에 텅 빈 연습실에 혼자 있으면 아이들이 보고 싶어진다. 인복이 많아서인지 도움을 주시는 분들이 많다. 동준모 상명대 관현악과 교수, 정순석 상명대 관현악과 교수, 서희대 지휘자, 전장수 클래식 기타리스트 등 많은 분들이 든든하게 계신다. 장일범 음악평론가와 황만익 뮤지컬 배우가 홍보대사로 큰 도움을 준다. 모두가 발달장애아들의 예술적 꿈을 이뤄주는 일이라 생각하시고 기꺼이 도와주신다. 요즘은 밤마다 컴퓨터 앞에 앉아 인터넷을 뒤지고 있다. 예술인 공모사업을 따내기 위해서다. 빨리 코로나19가 잦아들어 아이들이 무대에서 연주하는 모습을 보고 싶다."

며칠 후면 장애인의 날이다. 장애예술인 교육자로서 감회와 바람이 있다면?

─────

"제가 아무리 이들을 안다고 해도 비장애인이다. 장애아들의 부모만큼 이들 마음을 헤아릴 수 없다. 그래서 단원이나 그 부모님을 대할 때 늘 조심스럽다. 요즘은 원인은 알 수 없지만 지체장애는 줄고 발달장애가 늘고 있다. 발달장애아가 태어나면 부모들은 너무 힘들어한다. 그런 부모들에게 우리 아트위캔의 자랑스러운 단원들이 모델이 될 수 있다고 생각한다. 우리 발달장애 예술단원들의 전문 예술인으로 성장하는 모습을 보고 가능성을 발견하기를 바란다. 음악을 공부한 사람으로서 음악은 살아가는 데 산소 같은 존재라 생각한다. 발달장애아들은 자기의 의사나 감정을 남에게 제대로 전달하지 못할 수 있지만, 음악을 통해서는 이런 것들을 전달할 수 있고 스트레스도 해소할 수 있다. 장애인들에게 음악이 필요한 이유다. 또 정부에 당부하고 싶다. 장애예술인에게 생계 걱정 없이 안정적인 활동을 할 수 있도록 제도적 지원에 관심을 가져

달라. 무엇보다 제대로 갖춰지지 않은 장애예술인 DB 구축이 시
급하다."

왕소영 대표는…

·1966년 충북 충주 출생 ·1991년 상명대 음악대학 및 대학원 졸업 ·1995
년 이탈리아 아코포 토마디니 국립음악원 졸업 ·1996~2000년 상명대, 숭
실대, 동국대 출강 ·1991~2000년 4회 독창회. 미국, 이탈리아를 비롯한 국
내외 다수의 음악회 출연 ·2000년 뮤지컬 '팔만대장경' 등 한국, 일본, 필
리핀 공연 주역 출연 ·2001~04년 정동극장 공연팀장, 홍보마케팅팀장
·2002년 월드컵기장 수상 ·2002년 문화관광부 장관상 ·2004~12년 국
립박물관 문화재단 문화부장 ·2012~13년 사랑나눔 사무총장 ·2014~16년
스페셜올림픽코리아 문화홍보부장·평창 스페셜 뮤직&아트 페스티벌 사업단
장 ·2013~18년 한국발달장애인문화예술협회 아트위캔 사무총장 ·2019~
현재 한국발달장애인문화예술협회 아트위캔 대표

황의록 한국화가협동조합 이사장은 경영학자로 살면서도 인생 2막에 "돈이 안 된다"며 다들 만류하는 데도 '그림을 통해 세상을 바꾸자'는 신념으로 화가조합을 만들어 운영하고 있다. 그는 인터뷰에서 "경영학의 예술현장 접목이라는 새로운 시도가 즐겁기만 하다"며 "작가들이 조금 더 나은 여건에서 작품 활동에 전념할 수 있도록 지원하고, 대중은 돈이 있든 없든 누구나 그림을 가까이하고 즐길 수 있게 하는 것이 조합의 목표"라고 말했다.

황의록[*]

그림으로 세상을 따뜻하게… 경영학자서 화가 후원자로

"요즘은 물질적인 삶은 나아졌지만 사회는 점점 병들어갑니다. 그 치유의 방법으로는 흔히 종교와 예술이 거론됩니다. 저는 예술, 그 중에서도 그림에 주목했어요. 사무실이나 가정에 그림 한 점씩 걸려 있고, 누구나 즐길 수 있다면 세상이 보다 따뜻해지지 않을까요. 경쟁력 측면에서도 예술이 필요합니다. 경영학자의 입장에서 예술적인 상상력을 바탕으로 창조력을 지닌 기업과 조직만이 신종 코로나바이러스 감염증(코로나19)의 위기를 넘기고 생존할 수 있다고 봅니다. 그래서 모두가 말렸지만, 황혼의 꿈을 좇아 새로운 길을 가고 있어요. 창립 5주년이 되면서 조금씩 가능성이 보입니다."

• • • • • • • •

* 한국화가협동조합 이사장(2020. 06. 06)

경영학 교수로 주요 대기업의 경영 자문을 하다 정년 후 일반에 생소한 화가조합을 만들어 미술계에서 새바람을 일으키고 있는 이가 한국화가협동조합 황의록 이사장이다.

그는 2005년 작가와 후원자, 소비자를 연결해 어려운 화가의 안정적인 활동을 돕고, 누구나 쉽게 그림을 감상하고 소유하는 세상을 만들어 보자는 취지로 이 화가조합을 만들었다. 미술계 안팎에서는 그의 도전을 '경영학의 예술현장 접목'이라는 관점에서 예의 주시하고 있다. 초기에 무모한 도전이라 여겼던 이들이 요즘은 응원과 격려를 보내고 있다.

지난 2020년 6월 5일 서울 서초구 서울교대 근처 화가조합 사무실이 있는 갤러리쿱Gallery Coop을 찾았다. 연중 내내 365일 문을 여는 이곳에서 황의록 이사장은 거의 매일 오전 11시부터 오후 7시까지 상주한다. 명색이 이사장이지만 작품 설명도 하고, 커피도 타고, 청소도 하는 등 궂은일도 마다치 않는다. 그래도 지치지 않고, 신이 난다. 그림을 통해 예술을 많은 이들의 삶 속에서 심는 일이라 여기기 때문이다. 일생을 경영학자로 살아온 그가 생소한 화가조합을 창립한 배경과 조합이 하는 일, 그간의 성과와 소회 등에 대해 들어봤다.

화가조합이 생소하다. 어떤 단체인가?

"교수 시절부터 화가조합을 생각해 왔다. 2013년 정년을 맞이한 후 2년의 준비작업 끝에 실행에 옮겼다. '그림 한 점으로 세상을 따뜻하게'라는 신념으로 만든 순수 민간 비영리단체다. 많은 이들이 그림에 매료돼 그림으로 행복해지면 그림 수요가 늘어나고, 화가들의 삶은 저절로 좋아질 것이라 판단했다. 오랜 인연이 있는 몇몇 중소기업인과 전문직 종사자들을 규합해 결성했다. 엄격한 절차를 거쳐 화가들을 선발하고 조합원으로 영입했다. 화가조합은 작가들이 조금 더 나은 여건에서 작품 활동에 전념할 수 있게 도와주고, 일반 대중이 그림을 가까이 접하고 즐길 수 있게 해 우리 사회를 밝게 하고 각자의 삶의 질을 개선하는 일을 하고자 한다."

조합을 만든 계기가 있나. 운영 형태가 독특하다는데?

"미술에 관심을 갖다 보니 생각 이상으로 그림을 좋아하고 사고 싶어 하는 사람이 많은 것을 알게 됐다. 그런데 이들에게 '왜 (그림을) 안 사느냐?'고 물으니 불안감이란 답이 돌아왔다. 가격이 싸지 않은 데 과연 이 그림이 괜찮은 그림인지, 혹은 이 작가가 좋은 작가인지를 알 수 없다는 것이다. 그래서 안심할 수 있는 조합을 만들어 화가, 소비자, 화랑 3자가 '윈윈'하는 모델을 만들고 싶었다. 한 단계 나아가 많은 사람이 그림을 가까이하고 집에 한 점씩 걸 수 있다면 시장은 커지고 작가들의 삶도 여유로워지고, 우리 사회의 격도 한층 높아지지 않을까 하는 생각을 했다. 조합 화랑은 엄선된 작가만 전시할 수 있다. 창립 5년이 되면서 화가들의 신청이 크게 늘었지만 전문가 블라인드 심사, 작업실 현장 심사, 그룹 초대전 공개 심사 등 3단계 심사를 거쳐야 한다. 최종 합격률은 2% 미만이다. 좁은 바늘구멍을 통과한 화가들은 우리 갤러리에서 전시회를 열어준다. 특징은 블라인드 심사다. 작가의 학력이나 배경을 보지 않는다. 오로지 작품만 보고 선발한다. 매번 10명의 심사위원이 위촉되면 각자 자신의 집에서 작품 포트폴리오만을 보고 작가를 심사한다. 현재 그렇게 해 엄선한 소속 작가는 40명, 후원자는 55명(곳)이다."

요즘 근황과 전시 활동은?

"얼마 전 '생애 첫 그림 선물전'을 잘 마쳤다. 코로나로 폐관하거나 문을 닫는 갤러리가 많은 데도 우리는 40점 넘게 판매했다. 누구라도 부담 없이 그림 한 점을 소장할 수 있게 하기 위해 작품 값을 100만원으로 정한 기획전이다. 실제 가치는 몇 배 더 있는 작품들이다. 그것도 버거운 구매자를 위해서는 할부도 해줬다. 함섭, 문선미, 차명주, 황미정, 신동권 작가 등의 작품이 국내외에서 판매됐다. 코로나로 갤러리를 방문하기 힘든 이도 많은 점을 감안해 제가 일일이 작품을 페이스북 등 SNS를 통해 집중적으로 홍보한 것도 일정 효과를 거뒀다. 모두가 우리 작가와 작품에 대한 구매자의 신뢰가 있기에 가능했다. 그림은 가져본 사람만이 그 가치를 안다. 그림 한 점 없는 집이 수두룩하지만 한 점만 걸린 집은 없다. 소장하면 너무 행복하기 때문에 좋은 그림을 만나면 또 사게 된다. 19일부터는 '사진 찍는 의사'로 불리는 고대 구로병원 김한겸 교수가 아프리카 의료봉사를 다니며 카메라에 담은 '노마드 인 아프리카전'을 할 계획이다."

장기 프로젝트로 예술 소외지역에 그림 기증사업도 시작했는데?

"지난달 7일 우리 조합이 강원도·강원교육청과 소외지역 초등학생의 예술 감수성 함양을 위한 작품 기증사업 업무협약을 맺었다. 앞으로 3년간 강원도 내 초등학교 30곳에 우리 소속 화가들의 작품 690여 점을 기증키로 했다. 어릴 적부터 예술작품을 가까이 하는 것은 보이지 않는 미래 경쟁력을 키우는 일이다. 아이들이 그림을 좋아하면 부모도 좋아하게 되고, 사회도 긍정적으로 변화할 것이라는 기대로 힘이 닿는 한 작품 기증을 이어갈 생각이다. 강원도 초등학교뿐 아니라 비무장지대^{DMZ} 주변 초등학교 10곳, 내년에는 탄광 인근 10곳 등으로 확대한다."

경영학 교수가 어쩌다 화가들을 돕게 됐나?

"경영학 교수로서 기업들에 미래 경영환경 예측이나 신사업에 대해 조언을 하다 보니 현장 공부를 많이 해야 했다. 여행도 자주 다니면서 새로운 것을 늘 익혔다. 아마 지구의 70%를 다녔을 것이다. 여행을 하다 보니 사진에 관심을 갖게 됐다. 그런데 사진을 전문적으로 공부해도 늘지 않았다. 사진이 마음에 안 들었다. 스트레스를 받아 친구인 프로 사진가에게 고민을 털어놓으니 '사진 테크닉이 늘지 않으니 심미안을 키워보라. 그러려면 그림을 많이 보고 다녀라'라고 조언했다. 그때부터 전시회를 다니기 시작했다. 작가소개를 받고, 전시회도 다니고 뒤풀이 초대를 받으면서 교류의 폭을 넓혔다. 이들과 친해지면서 화가들의 삶이 너무 열악하다는 것을 알게 됐다. 가장 싼 집에 가서 가장 싼 걸 먹는 데도 돈 낼 때가 되면 쭈뼛거리곤 했다. 주머니 사정이 나은 내가 몇 번 밥값을 냈더니 '황 교수는 화가들의 후원자'라는 소문이 났다. 친구들이 수백 명으로 늘어났다. 그래서 자연스럽게 화가를 돕는 일을 시작했다."

조합 운영의 투명성과 개방성을 강조하는데?

————

"최근 한 시민단체의 논란에서 보듯 투명성을 통한 신뢰 확보가 어느 조직이든 중요하다. 우리 조합은 작은 단체이나 투명성과 개방성을 고수한다. 고문변호사도 있고, 자문 회계법인도 있다. 외부계약은 물론이고 작가들과 맺는 전시계약도 모두 고문변호사의 법률적 검토를 거친 표준계약서를 사용한다. 작품이 팔리면 반드시 기록을 남긴다. 철저하게 세금을 원천징수해 작가의 이름으로 국세청에 납부한다. 모든 자금의 흐름은 회계 담당자의 손을 거쳐 회계법인의 검토를 받는다. 당연히 매달 모든 비상근 임원들에게 공개하고 피드백을 받는다. 조합이 비영리단체이고, 아무리 좋은 일을 한다고 해도 도덕적 의심을 받게 되면 신뢰라는 기반이 한순간에 무너져 버리기 때문이다."

화가들의 해외답사도 지원하는데?

————

"매년 작가들의 해외답사를 전액 지원해왔다. 재작년에는 24명이 지중해와 이탈리아를 돌았고, 지난해는 19명이 모로코와 스페인을 다녀왔다. 올해도 코로나가 변수이나 일단 하반기에 남미 볼리비아와 페루, 멕시코를 다녀올 예정이다. 각자 미술관이나 박물관을 답사하고, 작품대상을 찾고, 스케치를 한다. 이런 경험이 모두 작품에 고스란히 드러난다. 작가들이 많이 보고 다녀야 사고의 틀을 깨는 좋은 작품의 영감을 얻을 수 있다. 단조롭게 매일 같은 일을 하고, 같은 사람을 만나면서 영감을 얻기란 힘들다. 눈과 귀를 열어 사고의 틀을 깨야 좋은 작품이 나온다. 경험은 작가의 무의식에 스미고, 작품 위에 나타난다. 공짜가 아니다. 다녀온 뒤 전시회를 열고 작품을 팔아 경비를 충당한다. 작가는 후원자에게 그림으로 갚고, 후원자(기업)는 사내 미술관에 작품을 건다."

평소 경영학자로서 '예술을 통한 경쟁력 제고'를 늘 얘기하는데?

———

"경영학 교수로 기업의 투자와 효율, 경쟁력 연구에만 매달려 왔다. 경쟁력에는 보이는 것과 보이지 않는 게 있다. 보이는 경쟁력의 시한은 겨우 6개월이다. 신제품이 나와도 경쟁사가 모방하고 베끼면 금방 따라잡힌다. 보이지 않는 경쟁력인 상상력과 창조력을 끌어내는 조직이 살아남는다. 그 원천이 예술이다. 예술이 밥 먹여 주냐고 하지만 실제 밥 먹여 준다. 페이스북·구글·애플·MS 같은 기업들이 화가들을 직원으로 왜 채용하는지 알 필요가 있다. 기술과 예술은 경쟁력을 결정하는 양 날개다. 기업들이 예술에도 투자한다는 사실은 더는 이제 새롭지 않다. 4차 산업시대에는 예술의 영역이 더욱 확대된다. 예술적인 심미안이 중요하다. 가장 손쉬운 방법이 근처의 미술관이나 화랑을 찾는 일이다. 일상이 조금 불편하고 지겨울 때 예술과 함께 기분 전환한다는 마음으로 우리 갤러리를 들러라. 365일 언제나 수준 높은 작품들을 만날 수 있는 곳이다. 그러다 보면 작품이 눈이 들어오고, 세상이 달라 보이고 행복해질 수 있다."

황의록 이사장은…

· 1948년 전북 남원 출생 · 1973년 고려대 심리학과 졸업 · 1979년 서울대 대학원 경영학과 졸업 · 1981~85년 미국 오클라호마 주립대 대학원 졸업(경영학 박사) · 1987~2013년 아주대 경영대 교수 · 1989~97년 두산그룹 회장 자문교수 · 1994~95년 한국마케팅학회 부회장 · 1995~96년 한국소비자학회 회장 · 2000~01년 한국유통학회 회장 · 2000~02년 전국경제인연합회 유통분과 자문위원 · 2002~07년 LG전자, LG상사, LG화학 경영코치 · 2004~05년 아주대 기획처장 · 2007~14년 한국의농학회 회장 · 2010~현재 GS그룹 자문교수 · 2014~현재 아주대 명예교수 · 2015~현재 한국화가협동조합 이사장

국내 대표적인 수묵화가인 김호석 화백은 40여 년간 수묵화 재료인 전통 한지를 연구하고, 한지를 사용해 작품 활동을 하는 몇 안 되는 화가 중 한 명이다. 그는 인터뷰에서 "일제강점기를 거치며 일본화된 한지 제조 방식으로 한지 본연의 우수성과 독창성을 잃게 돼 일본과의 차별성이 없어 여태껏 유네스코 세계문화유산에 등재되지 못하고 있다"며 "전통 한지의 원형 복원과 세계문화유산 등재를 위한 문화 당국의 관심이 절실하다"고 목청을 높였다.

김호석[*]

닥나무 삶고 말리고 두들기고… 한지에 삶·꿈 담았다

지난 2020년 8월 10일 문화예술계에 작은 낭보가 전해졌다. 우리나라 전주한지가 문화재 복원 선도국 이탈리아에서 공식 복원 용지로 인증받았다는 소식이다. 이탈리아 국립기록유산보존복원 중앙연구소가 전주한지의 인증 시험을 거쳐 보존·복원 용지로서 합격 판정을 내렸다. 이탈리아에서 공식 보존·복원 용지로 인증받으려면 성분, 산성도, 종이 섬유분포의 균일성, 견고성, 두께, 색 변화 등 엄격하고 까다로운 검사를 통과해야 한다. 전통 한지 연구자들에게는 기쁜 소식이 아닐 수 없다.

이 보도를 접하고 기자가 제일 먼저 떠올린 이가 김호석 화백이

* * * * * * * *

[*] 수묵화가(2020. 08. 22)

다. 한국 수묵화 거장인 그는 성철, 법정 등 불교계 큰스님들과 노무현 전 대통령 영정, 인도 나렌드라 모디 총리 초상화를 그린 이로 유명하다.

전통 한지 전문가이기도 한 그는 40여 년간 전통 한지 원형 복원에 천착해왔다. 특히 그는 조선시대 후기부터 1910년 사이에 사라진 것으로 확인된 한지 표면처리 방법인 '도침' 특허권을 보유하고 있다. 전통 한지에 대한 문화 당국과 대중의 관심은 야속하다고 느낄 정도이나, 그럼에도 그는 뜻을 같이하는 전통한지연구회 회원들과 함께 한지가 유네스코 인류무형유산으로 등재되는 날을 꿈꾸고 있다.

광복절 연휴를 하루 앞둔 8월 14일 서울 종로구 인사동의 한 사무실에서 김호석 화백을 만났다. 그의 전통 한지에 대한 연구와 사랑, 한지의 원형 복원 작업, 그의 작품 활동 등에 대해 인터뷰했다. 특유의 찌렁찌렁한 목소리로 전통 한지에 대한 애정을 가감 없이 드러내는가 하면 무관심한 당국에 대한 서운함도 숨기지 않았다.

이탈리아의 공식 복원 용지 인정은 낭보가 아닌가?

"한국의 전통 한지가 문화선진국에서 인정받는다는 것은 기쁜 일이 아닐 수 없다. 아마 이번이 세 번째일 거다. 경남 의령의 신현세전통한지공방에서 제작한 한지 2종이 2016년 처음으로 인증을 받은 데 이어, 2018년에도 같은 공방의 한지 1종이 합격점을 받은 바 있다. 그런데 매번 이런 뉴스 이후가 궁금할 따름이다. 인정후 우리 한지를 쓰고 있다는 얘긴 못 들어봤다. 축하할 일이나, 일회성 홍보에 그쳐서는 안 된다는 얘기를 하고 싶다. 국내 전통 한지의 현주소를 들여다보면 기가 막힌다. 과연 문화 당국이 전통 한지에 관심이 있나 하는 회의가 들 때가 한두 번이 아니다. 경복궁·창덕궁·덕수궁·창경궁 4대 궁궐 창호지의 한지 사용 여부를 확인해보면 대부분이 수입닥 또는 펄프를 혼합했다는 것이다. 1996년 64곳이던 전통 한지 업체 수가 현재 21곳에 불과하다. 외국에서는 인정받을지 몰라도 국내의 무관심은 개탄할 정도다.”

무엇을 전통 한지라고 하나. 전통 한지의 원형 복원이 왜 중요한가?

“한지는 닥나무 껍질인 인피섬유를 원료로 제조한 우리 고유의 종이를 말한다. 닥나무를 베고, 삶고, 말리고, 벗기고, 두들기고, 뜨는 방식으로 만든다. 원료와 제조 방식이 독특한 데다 세계 최고의 보존성을 자랑한다. 현존하는 세계 최초의 목판 인쇄본 ‘무구정광다라니경’과 세계에서 가장 오래된 금속활자 인쇄본 ‘직지심체요절’이 입증해준다. 원형의 전통 한지는 수백 년이 흘러도 바스러지지 않는다. 이 한지가 고려시대부터 맥을 이어왔으나 일제강점기에 기계가 도입되면서 왜곡·변형됐다. 이 시기에 표백제와 화학적 성분의 잿물, 분쇄기 등을 사용하는 방식으로 제조법이 바뀌면서 지금의 한지는 품질이 현격히 떨어졌다. 우리가 복원하고자 하는 것은 조선시대의 교지敎旨용 한지와 가장 근접한 전통 한지를 말한다. 천연재료와 도구 등을 사용해 만든 조선시대 한지는 두껍고 질겨 오랜 세월에도 변형이 거의 없다. 표면이 매끈해 붓이 마음먹은 대로 가고, 화선지와 달리 먹이 번지지 않아 중국 서화가들도 애용했다. 그냥 우리 것이라고 원형 복원을 하는 것이 아니라 최고의 보전성이 있는 데다 우리 전통문화의 DNA가 담겨 있는 재료가 전통 한지이기 때문이다."

전통 한지 원형 복원작업은 어느 수준에 와 있나?

"전통 방식의 한지는 100% 국산 닥나무와 천연잿물 및 황촉규와 촉새발 등 전통적인 재료와 도구를 최대한 사용한 것을 말한다. 2015년 정종섭 행정자치부 장관이 전통 한지 복원에 관심이 많았다. 그 시절 '훈포장 용지 개선 TF팀'을 꾸려 한지의 정부 훈포장 활용을 위한 연구에 지원을 많이 했다. 그때 조선시대 '정조 친필 편지'를 표본으로 삼은 전통 한지 제작을 시도해 가장 근접하게 재현했다. 저는 젊은 시절부터 한지 장인을 찾아다니며 한지 제조법을 채록하고 관련 용품들을 모아왔다. 닥나무를 손으로 두드린 뒤 양잿물이 아닌 천연잿물로 풀어내며 종이를 만드는 법도 복원했다. 그럼에도 재현한 종이의 밀도와 당기는 힘을 버티는 정도인 인장강도, 종이를 접었다 펴는 움직임을 견디는 횟수인 내절도 등이 조선시대 정조가 썼던 간찰용 한지에는 미치지 못한다. 요즘은 한지 재료인 닥나무의 유전자 분석에 대해 관심을 기울이고 있다. 한지용으로 적합한 닥나무는 꾸지나무와 애기닥나무의 교잡종이라는 결론을 얻어 두 나무의 다양한 교잡종을 새로 만들면서 어떤 교잡종이 좋은 한지 만들기에 적합한지에 관한 연구를 계속하고 있다. 2015년부터 한지 원형 보전에 뜻을 같이하는 이들과 연구모임을 갖고 있다. 임현아 전주한국전통문화전당 한지산업지원센터 연구개발실장, 나무 연구 분야 국내 최고 전문가인 정재민 산림청 국립수목원 박사, 박후근 행자부 과장 등이 그들이다. 문헌 연구와 더불어 현장 답사, 장인 인터뷰 등을 통해 철저하게 고증을 거치고 있다. 이제 상당한 수준에 와 있다.”

전통 한지 원형 복원과 인쇄를 위한 기술인 '도침' 특허를 보유하고 있다고 들었다.

━━━

"도침은 종이를 윤기가 나고 매끄럽게 하는 한지 제조의 핵심 기술이다. 한지는 질기고 두꺼운 장점이 있는 반면, 보풀이 일고 밀도와 투기성(공기가 통과하는 성질)이 취약해 서화용이나 기록용으로 부족한 단점을 지닌다. 고려와 조선시대에는 이 같은 단점을 극복하기 위해 후처리 기술, 즉 도침이 있어 중국 서화가로부터 호평을 받았다. 그러나 일제강점기에 도침 기술이 사라지고 원형을 재현하지 못하고 있다. 이 때문에 한지는 인쇄하기에 부족해 최고의 장인이 만든 한지조차도 표면에 대한 화학처리 없이는 서화용 및 훈포장 용지로 사용이 불가능했다. 그래서 제가 수년간 도침기술을 연구해 특허를 냈다. 2015년 새로운 도침기술을 적용해 시연에 성공한 후 특허를 보유하고 있다. 제가 도침한 기술을 적용한 전통 한지를 행정자치부에서 많지는 않지만 일부를 훈포장 용지로 사용하고 있다. 흔히 말하는 재능기부를 하고 있다."

노무현 전 대통령, 인도 나렌드라 모디 총리의 초상화도 도침한 전통 한지로 제작해 반향이 컸다.

―――

"도침을 거친 한지는 눈썹의 개수를 셀 수 있을 정도로 세밀한 표현까지 가능하고, 인쇄도 할 수 있다. 2007년 노무현 당시 대통령의 초상화를 그렸다. 청와대에 걸 초상화 제작을 의뢰받고 두 차례 대통령을 만난 뒤 어진御眞 제작기법으로 초상화를 그렸다. 초상화는 73×122cm의 반신상으로, 현재 봉하마을 노 전 대통령 사저에 보관돼 있다. 초상화에서 노 전 대통령은 쪽색 두루마기를 입고 넉넉하면서도 인자한 미소를 짓고 있다. 2017년 5월에는 인도 국립현대미술관의 초청을 받아 개인전을 가졌다. 이곳에서 비非인도 출신 작가가 살아서 개인전을 여는 것은 1944년생 독일 작가 레베카 호른에 이어 내가 두 번째라고 하더라. 전시회 때 모디 총리를 만났다. 제 그림 도록을 살펴본 모디 총리는 '당신이 기회가 된다면 언젠가 내 초상화도 그려주면 좋겠다'고 했다. 문재인 대통령이 2018년 인도 국빈방문 때 제가 그린 초상화를 모디 총리께 선물했다. 그림의 종이는 한국 특산인 닥나무 껍질과 인도에서 자생하는 꾸지나무 껍질을 섞어 제작했다. 전시회 당시도 현지 미술가들에게 도침한 한지를 제공해 호응이 적지 않았다. 전통 한지에 그려야 제대로 된 작품이 나온다."

김호석 화백은 한국 수묵화의 거장이다. 한국적인 정서를 잘 살린 특유의 손놀림으로 국내뿐만 아니라 해외에서도 높은 평가를 받는다. 국회의사당, 국립현대미술관, 호암미술관, 주터키 한국대사관, 주필리핀 한국대사관, 제주 추사관, 해인사, 백련암, 범어사 등 그의 작품을 소장한 곳을 둘러보면 그의 위상을 짐작할 수 있다.

전통 한지 전문가로 문화 당국에 바라는 점이 있다면?

"한지는 소중한 전통 자산이고, 현실적으로도 지속 가능한 정보를 가진 성과물이라 말할 수 있다. 그런데 문화 당국은 전통 한지에 너무 무관심하다. 전통 한지를 문화산업으로 일으켜 세워야 한다. 이제라도 문화체육관광부는 한지 진흥정책을 총괄하고, 문화재청에서도 문화재용 한지에 관심을 가져야 한다. 산림청에서는 닥나무 품종연구와 우수품종을 육성하고, 국가기록원은 한지를 훈장용 임명장, 중요 문서 등에서 활용하는 '기록매체'로 삼아야 한다. 중국 선지는 2009년에, 일본 화지는 2014년에 유네스코 인류무형문화유산에 등재했지만 우리나라 한지는 등재를 하지 못하고 있다. 일본에 지기 싫어하는 우리 정부가 이건 왜 방치하는지 모르겠다. 저로선 누가 알아주든 알아주지 않든 뜻을 같이하는 이들과 전통 한지의 원형 복원과 인류무형문화유산 등재를 위한 일에 묵

묵히 헌신할 생각이다."

김호석 화백은…

· 1957년 전북 정읍 출생 · 1980년 제3회 중앙미술대전 특선 · 1981년 홍익
대 동양화과 졸업 · 1987년 홍익대 대학원 미술사학과 졸업 · 1999년 국립
현대미술관 올해의작가상 · 2000년 제3회 광주비엔날레 한국대표작가로 선
정(미술기자상 수상) · 2008~14년 한국전통문화대학 교수 · 2017년 인도 뉴델
리 김호석 초대전 · 2019년 김호석 초대전 '보다' 제주 돌문화 공원 등 22회
의 개인전과 300여 회의 단체전 및 초대전 참가 · 저서로 〈그림으로 쓴 역사
책 반구대 암각화〉, 〈김호석 수묵화집〉, 〈모든 벽은 문이다〉 등 다수

세종병원 설립자 박영관 회장은 인터뷰에서 "30여 년 동안 심장전문병원을 운영하면서 국내외 수많은 심장병 어린이 무료 수술을 했지만 유독 북한 심장병 아이들을 돕지 못한 안타까움이 컸다"며 "남과 북의 평화 교류가 본격화하면 우리 병원의 심장 기술과 의료진으로 북한 심장병 어린이를 돕는 일에 여생을 바치고 싶다"고 말했다.

박영관*

심장 수술 한 우물 …
북한 심장병 어린이 돕기에 여생 바칠 터

세월이 참 빠르다. 혜원의료재단 세종병원 설립자 박영관 회장의 자서전 출간 소식을 접하고 든 생각이다. 약 7년 전 취재차 만났던 박 회장은 당시 에너지 넘치는 전문병원 CEO였다. 그가 벌써 올해 팔순八旬이다. 얼마 전엔 그간의 삶을 돌아보는 자서전 〈심장병 없는 세상을 꿈꾸다〉를 냈다. 책에는 대한민국 대표 심장전문병원을 일궈내기까지의 고난과 영광이 고스란히 담겨 있다.

박영관 회장은 의료계에선 외골수로 통한다. 40대 초반, 잘나가던 의과대학 교수직을 내던지고 '돈이 안 되는' 심장병원을, 그것도 서울이 아닌 경기도 부천의 작은 동네에 열었다. 그 후 30여 년

* 세종병원 회장(2018. 06. 02)

간 '심장'이란 한 우물만 팠다.

그는 존경받는 의료계 원로이기도 하다. 단순한 병원 경영자에 머물지 않고, 30여 년간 선천성 심장병 어린이를 무료 치료하며 인술仁術을 실천해왔기 때문이다. 그간 세종병원 지원으로 수술과 치료를 받은 심장병 어린이는 국내외를 합쳐 2만5천여 명에 이른다.

흔히 '100세 시대'라 하지만 팔순은 적은 나이가 아니다. 그가 최근 나이를 잊은 듯 병원을 "2020년까지 아시아 최고의 심뇌혈관 센터로 키우겠다"며 '제2의 개원'을 선언해 의료계 안팎의 관심을 모으고 있다.

지난 2018년 5월 30일 인천 계양구의 메디플렉스 세종병원 회의실에서 박영관 회장을 만났다. 매서운 호랑이 눈썹에다 부리부리한 눈매는 예전 그대로다. 인사를 끝내자마자 그는 심장 모형을 보여주며 선천성 심장병 얘기부터 풀어놨다.

"태아의 0.8%는 선천성 심장질환을 갖고 태어나요. 이런 아이들은 7살 이전에 수술만 해주면 정상인처럼 살 수 있어요. 하지만 수술 적기를 놓치면 폐동맥고혈압으로 20세 전후에 사망합니다. 1980년대 초만 해도 이런 심장병 어린이가 2만여 명에 달했어요. 실력 있는 의사가 적은 데다 수술 비용이 너무 비쌌기 때문이죠. 그래서 안타깝게 죽어갔어요. 지금 생각하면 기가 막히지만, 그때는 그랬습니다."

열이면 열이 반대했다는 심장전문병원을 개원한 계기를 물었다.
"한양대 의대 교수시절인 1975년 봄이었어요. 아들의 심장병 진단을 받고도 수술비가 없어 어깨를 축 늘어뜨린 채 아이의 손을 잡고 돌아가는 한 가장의 모습을 보며 가슴이 아팠어요. 언젠가 내 병원을 열어 아이들을 도와줘야겠다고 결심했어요."

당시는 심장 수술을 하는 곳은 서울대병원과 연세대 세브란스 병원밖에 없던 시절이다. '심장전문병원을 세우겠다'는 그의 선언에 주변에선 모두가 무모하다며 반대했다. 심지어 아내인 정란희 전 세종병원 이사장도 말렸다. 그러나 그의 고집은 누구도 꺾지 못했다. 박영관 회장은 준비 과정을 거쳐 1982년 산부인과 의사였던 선친 박봉현 박사가 생전에 사둔 논현동 땅을 처분해 부천에 세종 병원을 개원했다.

그로부터 30여 년이 흐른 지금 세종병원은 대학병원에 뒤지지 않은 심장 치료의 한류 본거지가 됐다. 중앙아시아와 아프리카 등의 개발도상국 의료진이 앞다퉈 심장수술 기법을 배워간다. 그도 그럴 것이 연간 심장수술 1천여 건, 심혈관촬영술 4천400여 건을 시행한다. 매년 30만여 명의 심장 질환자를 진료하고 있다. 소아 심장 분야와 관상동맥 수술은 아시아 최고로 인정받고 있다.

"개원할 당시 기초의학에 근거한 심장전문병원으로 발전시켜야 겠다고 생각했어요. 그래서 당시 뺨을 맞아가며 죽은 환자의 심장을 구했어요. 그렇게 확보한 선천성 심장병 증상의 30여 가지 심장을 부검하고 연구한 결과 심장병 치료 기술이 비약적으로 발전했습니다."

세종병원은 '심장병 사관학교'로도 불린다. 국내 최초로 심장이식을 실시한 송명근 전 건국대 교수를 비롯해 이영탁(삼성서울병원), 박표원(삼성서울병원), 서동만(이화의료원) 등 내로라하는 심장명의들이 세종병원을 거쳐 갔다. 대학병원 흉부외과나 심장내과에 근무하는 100여 명이 세종병원 출신이다.

박영관 회장이 심장병 어린이 지원에 팔을 걷어붙인 계기가 된 사건이 있었다. 1983년 11월 레이건 전 미국 대통령과 함께 방한했던 낸시 여사가 우리나라 선천성 심장병 어린이 둘을 데리고 미대통령전용기에 올랐다는 뉴스를 접한 것이다.

"미국에 데려가 치료를 받게 한다는 겁니다. 국가로 봐선 고마운 일이지만, 심장 전문의 입장에서 너무 부끄러웠습니다. '우리도 살 만해졌는데 아직도 아이들을 미국에 보내야 하는가'라는 자괴감이 들었어요."

이후 우리나라는 1989년부터 건강보험이 실시되고 의료기술도 괄목하게 발전하면서 큰돈이 없어도 심장 수술이 가능해졌다. 그럼에도 그는 심장병 어린이 무료 수술지원 사업을 멈추지 않았다. 본인 부담금 300만원을 낼 수 없는 이들이 여전히 많았다. 돈이 없는 심장병 어린이 가족을 찾아내 후원기관과 연결하며 이들의 생명을 살려냈다.

박 회장은 병원이 자리를 잡자 해외 심장병 환자들에게 눈을 돌렸다. 1989년 시작한 해외 선천성 심장병 어린이 무료 수술지원 사업 규모는 지금까지 25개국 1천460명에 이른다. 주로 러시아, 카자흐스탄, 중국, 몽골, 동남아시아 환자들이다. 민간병원으로는 최장 기간, 최다 해외 환자들을 진료했다.

"우리가 지원한 국가 대부분은 깨끗한 의료시설과 기술이 없어요. 설사 치료 여건이 된다 하더라도 수술 성공률이 20~30%에 불과해 위험합니다. 그러나 우리 병원에 데려오면 100% 성공합니다. 그러다 보니 서울도 아닌 부천, 지하철 1호선 소사역 부근의 우리 병원에 외국인들이 자녀 손을 잡고 물어물어 찾아오는 겁니다."

그에겐 기억에 남는 아이가 있다. 1989년 중국 연변에서 온 강수월(당시 6세) 어린이다. 세종병원의 해외 의료 나눔 환자 1호다. 수술을 받은 후에도 탈 없이 성장해 결혼을 했고, 지난 2016년에는 아이를 세종병원 산부인과에서 낳았다. 강수월 씨는 출산 후 박영관 회장을 찾아와 "세종병원에서 두 번의 생명을 얻었다"고 감격해했다.

박 회장은 러시아 심장병 환자와 그 가족에게는 유명 인사다. 추위로 기름진 음식을 많이 먹는 러시아에서는 통계적으로 매년

130만여 명이 심장질환을 앓고 있는데, 치료차 병원을 다녀간 러시아 환자들 사이에 입소문이 났기 때문이다. 싱가포르나 이스라엘로 가던 환자들이 이제는 발길을 돌려 우리나라 세종병원을 찾고 있다.

2009년에는 한국인으로는 처음으로 하바롭스크 명예시민에 위촉됐다. "하바롭스크시는 우리 병원이 소재한 부천시와 자매도시입니다. 2003년부터 현지 심장병 환자 무료 수술 사업을 벌여 59명을 치료했어요. 그래서 매년 하바롭스크시 건립 기념행사에 저를 초대합니다. 2015년에는 직접 그곳을 방문해 시민들의 환영을 받았어요. 수술 받은 이들이 '새 생명을 준 은혜를 잊지 않겠다'며 눈물을 흘리기도 했어요. 저도 당시 양국 관계 증진의 의미로 소콜로프 시장에게 3만 달러(약 3천만원)를 기탁했습니다."

박영관 회장은 현재 병원 경영은 서울대 의대 출신 심장내과 전문의인 장남 박진식 이사장에게 맡겼다. 그렇지만 일주일에 이틀은 부천세종병원, 이틀은 메디플렉스 세종병원, 하루는 부천시립 노인전문병원을 오가며 업무를 챙긴다.

그가 가장 신경 쓰는 것은 건강이다. 하루도 빠지지 않고 헬스와 걷기를 하며 체력을 챙긴다. 젊은 시절 진료와 병원 일에만 매달리다 심장전문의로서는 부끄럽게도 심근경색으로 고생한 일이 있기 때문이다.

"91세인 송해 선생이나 99세인 김형석 연세대 명예교수처럼 건강관리를 잘해 오래오래 일하고 싶어요. 아직도 꿈이 있어요. 2020년까지 우리 병원을 아시아 최고의 심뇌혈관센터 반열에 올리는 겁니다."

그 같은 계획의 일환으로 박 회장은 고혈압·심부전 권위자 오병희 전 서울대병원장을 메디플렉스 세종병원 원장으로 영입한 데 이어, 미국 하버드 의대 방사선과 부교수로 뇌혈관 중재적 치료의 세계적 대가로 손꼽히는 최인섭 교수도 뇌혈관센터장으로 스카우트했다.

앞서 2013년에는 그의 호를 딴 우촌심뇌혈관연구재단을 만들어 아시아태평양소아심장학회 등 심뇌혈관 분야 국내외 학술활동에도 기금을 출연하는 한편, 국내외 의료인 교육·저소득층 의료 지원 등의 사업을 펼치고 있다.

박 회장은 최근의 남북한 관계 개선 소식에 대해서도 언급하면서 "미북 회담 이후 남북의 평화적 교류가 본격화되면 우리 병원의 심장기술과 의료진으로 북한 심장병 어린이를 적극적으로 돕고 싶다"고 말했다. 그동안 심장전문병원을 운영하면서 국내외 수많은 어린이의 무료 수술을 했지만 유독 북한 어린이들의 수술을 진행하지는 못했다는 것이다.

"1989년 연변 심장병 어린이 지원사업을 하면서 중국을 통해 북한 심장병 어린이를 도울 수 있는 방법을 여러 루트로 물색했으나 경색된 남북관계 탓에 기회를 갖지 못했어요. 최근 여의도순복음교회가 평양에서 조용기심장전문병원 건립사업을 재개키로 함에 따라 이 병원이 지어지면 우리 병원도 참여하는 방안을 관계자들과 협의하고 있습니다. 요즘엔 남북 관계 관련 뉴스를 많이 봐서인지 북한 어린이들을 직접 진료하는 꿈을 자주 꿉니다."

박영관 회장은 자서전에 이렇게 적었다. "사람들은 나에게 엉뚱한 생각을 많이 한다고 한다. 그러나 꿈을 꾸고 열심히 달리면 그 엉뚱한 것이 실현되는 놀라운 일이 벌어진다."

기자가 인터뷰를 끝내며 "(회장님의) 북한 심장병 어린이 진료의 꿈이 이뤄지길 응원한다"고 하자 독실한 기독교인인 박 회장이 "제 소망이 현실이 될 수 있게 해달라고 매일 기도하고 있다"며 환하게 웃었다.

박영관 회장은…

· 1939년 경북 청도 출생 · 1964년 서울대 의대 졸업 · 1971년 서울대 의학
박사 · 1975~77년 독일 뒤셀도르프대 심장외과학 연수 · 1972~73년 인제
대 의대 백병원 흉부외과 과장 · 1973~81년 한양대 의대 부교수 · 1982~
2003년 혜원의료재단 세종병원 이사장 · 1998~99년 대한흉부외과학회 회
장 · 1987~2011년 사회복지법인 세이브더칠드런 코리아(옛 한국어린이보호재단)
실행이사 · 2009년 러시아 하바롭스크 명예시민 추대 · 2014년 '부천 100
인' 선정 · 2013년 우촌심뇌혈관연구재단 설립 · 2009~현재 혜원의료재단
세종병원 회장

병리학자인 김한겸 교수는 국내 미라 연구의 권위자이면서 글로벌 나눔 전도사로 불린다. 검도 7단으로 한국 최고의 의사 검객이기도 하다. 요즘은 인체의 병든 조직에서 예술 작품을 포착해내는 현미경 사진작가로 명성을 쌓아가고 있다. 노마드의 삶을 추구하는 그는 인터뷰에서 "평생 동안 한 분야에 만족하지 않고 끊임없이 새로운 일을 탐험하는 일을 멈추지 않겠다"고 말한다.

김한겸*

호기심이 저를 키웠죠…
끊임없이 새로움 찾는 현대판 노마드

요즘 이상적인 삶의 형태로 '덕업일치'가 회자한다. 덕업일치는 덕후로 일과 일치된다는 말이다. 덕후는 일본어 오다쿠御宅를 한국식으로 발음한 '오덕후'의 줄임말로, 어떤 분야에 몰두하는 전문가 이상의 열정을 지닌 이를 가리킨다. 스스로 빠져 재밌게 하던 일을 직업으로 만들어 성공한 경우를 말한다.

고대 구로병원 병리학 교실 김한겸 교수는 그런 의미에서 정반대, 이른바 '업덕일치'의 전형이라 해도 될 듯하다. 장삼이사에게 '업'은 참고 견디며 어쩔 수 없이 해야만 하는 일이다. '밥벌이' 그 이상의 의미를 찾지 못한다. 김 교수도 젊은 시절 한때 병리의사란

· · · · · · · · ·
* 고대 구로병원 건강증진센터장(2018. 11. 25)

직업이 힘들 때가 있었다. 외향적인 성격의 그에게 온종일 수술로 제거된 조직 세포를 현미경으로 보면서 진단을 하는 일이 갑갑하기 짝이 없었다. 틀에 박힌 일상이 잘 맞지 않는다고 생각했다.

그런 김한겸 교수가 어느 날 그 일을 재미로 만들게 한 기막힌 아이템을 찾았다. 그것이 바로 현미경 사진이다. 인체의 병든 조직에서 예술 작품을 발견하는 일에 매료돼 현미경 사진작가로서 새 길을 개척하고 있다. 그에게 붙는 수식어는 이뿐이 아니다. 국내 최고의 미라 전문학자, 의사 검객, 글로벌 의료자원봉사가 등 수도 없이 많다. 벌인 일이 많다 보니 프로필이 A4 용지 두 장을 훌쩍 넘는다. 튀는 의인醫人으로 통한다.

지난 2018년 11월 21일 고대 구로병원 건강증진센터에서 김한겸 교수를 만났다. 마음씨 좋은 이웃집 아저씨 미소를 지으며 기자를 맞았다. 자리에 앉자마자 "벌이는 일은 많으나 제대로 하는 것 없다"면서도 "여태껏 한 분야에 머물지 않고 호기심을 갖고 끊임없이 제 인생의 밭을 갈아왔을 뿐"이라고 했다.

김 교수의 어린 시절이 궁금했다. "서울 토박이입니다. 논밭에 둘러싸인 제기동에 살았어요. 친구들과 골목길에서 놀면서도 골목 너머에 무엇이 있을지, 제기동역 철로를 쭉 따라가다 보면 어떤 세상이 펼쳐질지가 궁금했어요. 호기심이 많고 가만히 있는 성격이 아니었어요. 그래서 배 타는 의사, 선의船醫가 꿈이었어요."

그런데 그의 말대로 어찌하다 보니 어느 날 다른 길인 병리의사가 됐다. 온종일 앉아서 검사하고 연구하는 일이다. 스트레스가 많은 데다 무엇보다 이른바 '내근內勤'이라 갑갑했다. 일에서 무언가 재미를 찾아야겠다고 늘 생각했다. 더구나 병리를 평생의 업으로 해야 한다면 더더욱 그러했다.

그러던 어느 날 인생의 전기를 맞게 된다. 1990년 중반, 미국에서 온 병리의사가 강의 말미에 암세포 사진을 보여주는데 암세포가 웃는 형상이 있었다. 그때 김 교수는 '바로 저것!'이라고 무릎을 쳤다. 이때부터 현미경으로 보이는 미세微細 세상 속으로 빠져들었다.

"출근해서 현미경 속에 들여다볼 때마다 설렜어요. 추상적인 모양이 떠오르고, 재밌는 그림이 나타났어요. 어느 날 노래를 부르는 사람의 얼굴이 들어왔어요. 자궁경부염증으로 자궁경부샘이 점액을 분비하는 중이었어요. 작품 제목을 '가라오케'로 했어요. 현미경으로 눈을 옮길 때마다 세포 속 작은 세상이 수시로 말을 걸어왔어요. 요산 결정체에는 불 속으로 뛰어드는 불나방을, 대장 용종은 메두사의 풍성한 뱀머리카락을, 기관지 점액은 여인의 우아한 춤사위 그대로였어요."

김한겸 교수는 10여 년간 미세한 조직과 세포 속에서 시공을 넘나드는 무수한 풍경을 작품화했다. 그 결과, 2016년에는 바이오현미경사진전에서 대상을 받았다. 지난해에는 그간의 세포 탐미와 기록이 담긴 개인전 'Nomad in a small world展'을 열었다. 그간 전혀 보지 못한 색다른 사진전은 관객의 호기심과 감탄을 자아냈다. 전시회 수익금은 전액 호스피스재단에 기부했다. 요즘은 SNS를 통해 수시로 세포 작품들에 해설을 붙여 공개한다.

그의 작품을 기다리는 이들이 많다. 학술사진으로서 현미경 사진은 많지만 하나의 완성된 감상할 수 있는 예술작품으로 일반인에게 선보이기는 그가 처음이다. 지루한 '업業'에 대한 돌파구로 현미경 사진 덕후가 된 덕택에 일의 즐거움도 찾고, 예술가로서의 희열도 얻게 됐다.

"현미경을 통해 정상에서 비정상, 즉 질병을 찾는 게 제 일이었어요. 그런데 현미경 사진을 하면서 새로운 세상에 눈을 뜨게 됐죠. 세포 안에는 또 다른 세상이 펼쳐져요. 하루가 후딱 갑니다. 재미이자 아트입니다."

김 교수는 국내 최고의 미라 연구 권위자이기도 하다. 2002년 9월 경기도 파주시 교하면 파평윤씨 종중묘지에서 발견된 미라 부검을 지휘한 이가 그다. 당시 미라는 사내아이를 품고 있었다. 그 이전까지는 한국은 물론 전 세계에서도 출산 중 사망한 미라는 발견된 적이 없다. 세계 최초의 임신부 미라임을 그가 이끄는 부검 팀이 입증했다. 2016년 의정부에서 발견한 미라에선 폐의 기생충을 찾아냈다. 미라의 폐에서 기생충이 발견된 사례도 처음이다. 지금까지 그가 부검하고 연구한 국내 미라는 12구에 이른다. 지금도 미라가 발견되면 그에게 요청이 온다. 고병리학계에선 벌써 그의 정년 후 미라 연구 공백을 걱정하고 있다. 그가 차지하는 위상이 그만큼 크다.

그는 글로벌 의료봉사가로도 유명하다. 2005년 몽골 고고학계에서 그에게 미라 분석을 의뢰했던 것이 인연이 돼 해외 의료봉사에 뛰어들게 됐다. 당시 몽골의 열악한 의료 환경을 눈으로 본 그는 대한병리학회 이사장이 된 2007년부터 동료 의사들과 '몽골 의료 프로젝트'를 진행했다.

해마다 두 차례 몽골을 방문해 현지 의사들을 교육했다. 몽골 병리학 의사들에게 학회를 만들게 했다. 몽골 여성에게 가장 많은 자궁경부암을 조기 진단할 수 있도록 이론과 실습을 겸비한 교육에 집중했다. 10년을 이렇게 하니 현미경으로 암을 진단할 수 있는 의사가 5명도 채 안 됐던 몽골엔 이제 100명이 넘는 의사들이 자국 환자들의 암을 진단할 수 있게 됐다.

"1970년대의 열악한 우리나라 의료 환경이 떠올랐습니다. 당시 세계보건기구WHO에서 파견한 외국 의사들이 한국에 와서 자궁경부암 진단 기법 등을 전수한 덕에 우리 의료가 크게 발전했어요. '받은 은혜를 갚는다'는 생각으로 몽골 의료 봉사를 해왔습니다."

그간의 지원으로 몽골의 의료가 어느 정도 자립이 가능해진 요즘 그는 아프리카의 마다가스카르를 오가며 그곳 의료진 교육에 매진하고 있다.

김한겸 교수는 고려대생들에겐 봉사하는 교수로 이미 유명하다. 학생처장 시절인 2008년 그가 조직한 고대사회봉사단은 10년 동안 900여 명의 봉사단원을 배출했다. 그의 지도로 봉사자로서의 소양과 리더십 교육을 받은 학생들은 졸업 후에도 각 분야에서 봉사활동을 이어가고 있다. 이번 인터뷰에 동행한 본지 사진부 하상윤 기자 역시 사회봉사단의 2기로 그의 제자다. 오랜만에 만난 두 사람은 사무실 바닥에 털썩 주저앉아 맞절을 했다. 김한겸 교수가 검도에서 도입한 고대봉사단원만의 인사법이라고 했다.

그를 얘기할 때 빼놓을 수 없는 것이 바로 검도다. 중학교 2학년 때 입문한 검도는 공인 7단이다. 우리나라 최고의 의사 검객이 바로 그다. 1977년 고려대 의대 최초로 검도회를 만들어 40년간 최강의 검도회로 자리 잡게 했다. 2000년 한국의사검도회도, 전국의대생검도대회도 그가 만들었다. 병리의사의 일이나 사진작가, 봉사활동 등 그가 수많은 일을 '겁 없이' 할 수 있는 비결도 검도에 있다.

"검도는 날아오는 칼날을 피하면 안 됩니다. 긴장하며 정면으로 응시하고 언제 날아올지 모르는 칼을 막으며 상대의 허를 찔러야 합니다. 현실에서도 마찬가지입니다. 제 앞에 밀려오는 도전과 시련을 피하지 않고 즐겁게 맞이하자는 마음으로 살아왔어요."

김한겸 교수는 정년을 하면 마다가스카르에서 봉사하며 인생 2

막을 만들어갈 계획이다. 그곳에 의료센터를 만들어 아프리카 전역의 병리의사를 양성하겠다는 계획을 세웠다. 문제는 체력. 주특기인 검도를 수련하는 것 외에도 수시로 양천구 목동 집에서 병원까지 4Km가 넘는 거리를 운동 삼아 걸어 출퇴근하고 있다.

인터뷰 말미에 그는 요즘 일이 바빠졌다고 했다. 여행사진 작가이기도 한 그에게 학교 측이 2020년 달력에 들어갈 사진을 찍어달라고 요청했다 한다. "도대체 못 하는 게 뭘까"라는 생각이 들게 한 흔치 않은 인터뷰이다. 한 분야에 만족하지 않고 끊임없이 새로움을 찾아다니는 현대판 노마드의 삶을 살아가고 있는 이가 분명했다.

김한겸 교수는⋯

·1955년 서울 출생 ·1980년 고려대 의대 졸업 ·1981~89년 고려대 의학석사·박사 ·1985~87년 국방부 과학수사연구소 법의과장 ·2000~08년 고대 구로병원 병리과장 ·2007~08년 대한병리학회 이사장 ·2008~11년 고려대 학생처장 ·2012~15년 한국교수검사회 회장(검도 7단) ·2013년 한국자원봉사대상 안전행정부 장관 표창 ·2014~16년 대한극지의학회 회장 ·2015~16년 대한세포병리학회 지도의회 의장 ·2012~15년 한국도핑방지위원회 위원장 ·2017년 대한병리학회 회장 ·2017년 현미경 사진전 'Nomad in a small world 展' ·2008~현재 몽골, 마다가스카르, 우간다, 캄보디아 등 10여 개국 글로벌 의료·교육 봉사활동 ·2016~현재 고대 구로병원 건강증진센터 소장 겸 호스피스회장

채종일 한국건강관리협회장은 반세기 동안 기생충학 연구와 후학 양성에 헌신해온 세계적인 기생충 학자이자 세계 기생충 학자들의 모임인 세계기생충학자연맹WFP 회장이다. 그는 인터뷰에서 "혐오의 대상이던 기생충은 더는 박멸해야 할 적이 아니라 알레르기나 치매 예방효과 등 인류에 도움이 되는 친구임을 확인할 수 있는 연구결과들이 밝혀지고 있다"며 "인류의 무한한 자원이 될 수 있는 기생충을 새롭게 인식할 때가 됐다"고 말했다.

채종일[*]

기생충은 인류의 적 아냐…
질병치료의 새 가능성 열어줄 친구

"세상은 넓고 연구할 기생충은 많다." 채종일 한국건강관리협회장
이 언론 인터뷰 때 즐겨 하는 말이다. 그는 40여 년간 기생충 연구
와 교육, 국제교류에 헌신해온 세계적인 기생충 학자다. 1976년 대
학을 졸업하면서부터 기생충 연구에 몰두해 1988년 전남 신안에서
인체 기생 신종 디스토마인 참굴큰입흡충을 세계 최초로 발견했
다. 1993년에는 말라리아 재유행을 최초로 발견해 당국에 보고하
는 등 기생충 연구사 주요 마디마다 그의 이름을 올렸다.

지난해(2018년)는 우리나라 학자로는 처음으로 기생충 학자들의
국제 조직인 세계기생충학자연맹WFP 회장에 선출돼 우리 학계의

* 한국건강관리협회 회장(2019. 03. 15)

위상을 높였다. '기생충과 함께한 반세기'로 자신의 삶을 정의하는 채종일 회장은 "기생충은 더는 혐오스러운 인류의 적이 아니라 인류의 질병치료 가능성을 열어주는 소중한 친구로 인식해야 한다"고 말한다. 그가 늘 강조하는 이른바 '기생충 다시보기'다.

지난 2019년 3월 13일 서울 강서구 한국건강관리협회(이하 건협) 부설 기생충박물관에서 채종일 회장을 인터뷰했다. 온화한 미소를 지으며 낮은 음성으로 기생충의 세계와 학자로서의 삶, 기생충 연구 동향, 세계기생충학회 활동을 상세히 설명했다.

요즘 근황은?

"건협의 책임자인 만큼 1월부터 강원지부를 시작으로 전국 16개 시·도지부의 초도순시에 다니고 있다. 지난해 성과와 올해 계획을 보고받고, 직원들과 소통의 시간도 가지고 있다. 기생충 학자로 최신 연구논문도 꾸준히 챙기고 있다. 세계기생충학자연맹 회장 자격으로 각국의 회원 기생충 학자들과 화상통화로 회의를 하는 등 바쁜 나날을 보내고 있다. 교수 시절보다 업무량이 많으나 일이 재밌어 즐겁게 하고 있다."

40년 넘게 기생충 연구에 매진해 왔는데, 기생충은 어떤 존재인가?

―――

"예전에는 기생충은 인류에 해롭기 때문에 박멸해야 할 나쁜 생명체로 여겨왔다. 그런데 너무 박멸하다 보니 아이러니하게도 인류에 알레르기 병이 증가하고 있다. 예를 들면 크론병, 궤양성 대장염, 아토피 등이다. 기생충이 좀 있을 때는 알레르기를 일으키는 면역 글로불린이 중화가 돼 알레르기 병이 안 생겼는데, 기생충 박멸을 하면 면역 조절이 안 되는 경우가 많아지고 있다. 지금은 기생충을 박멸하는 게 아니라 활용하는 방향으로 연구가 집중되고 있다. 지난해(2018년) 대구에서 열린 세계기생충학회 때도 '기생충의 득과 실'이 주제였을 정도로 기생충의 새로운 활용이 학계의 새로운 관심사다. 머지않아 기생충이 무궁무진한 자원이 될 수 있다. 우주시대에 대비해 기생충을 활용해 대변의 양을 줄이는 방법 등 유익하고 재밌는 연구들이 진행되고 있다."

기생충 연구에 입문하게 된 계기는?

―――

"중·고교 시절에 생물 과목을 좋아했다. 핵분열 같은 생물 현상에 관심이 많았다. 의대에 진학해서도 환자를 보는 임상을 할지 연구를 할지에 대해 고민을 많이 했다. 결국 의사가 되기보다는 남들이 많이 하지 않은 기생충 분야가 연구할 것이 무궁무진해 보여 이 길에 들어섰다. 무엇보다 제가 의대생이던 1970년대 우리나라 국민의 기생충 감염률은 80% 이상이었다. 제대로 공부를 해 국민 기생충 감염률을 낮추는 데 조금이나마 기여하고 싶다는 젊은 시절의 사명감도 작용했다."

업적으로 평가받는 '참굴큰입흡충'을 발견했을 때의 상황을 설명한다면?

――――

"지금도 당시만 생각하면 감격이 벅차다. 1988년 전남 신안군에서 올라와 서울대병원에 입원한 여성 췌장염 환자 몸에서 기생충이 검출됐다. 현미경으로 들여다보니 이전에 경험하지 못한 새로운 종류임이 확인됐다. 도무지 맞아떨어지는 종이 없어서 진단을 붙일 수가 없었다. 기생충 감염 원인을 찾아들어가다 보니 기생충의 중간숙주가 굴이고, 전남 신안군 일대에서만 유행한다는 사실을 확인했다. 세계 문헌을 뒤져봐도 없는 신종임이 확인되자 너무 기뻤다. 학자로서의 보람이 컸다. 국제학술지에 게재해 인정받는 데 5년이나 걸렸다. 문헌 조사만으로는 의구심이 생겨 유사종의 실물을 열람하기 위해 일본 메구로기생충관도 방문했다. 신안 현지에서 주민들의 가검물을 조사한 결과 98명 중 48명에게서도 이 여성 환자와 같은 충체를 확인했다. 마침내 참굴큰입흡충이 자연산 참굴을 매개로 기생함을 최종 확인해 국제학술지에 게재했다. 이후 외국에서 발행된 교과서에도 제가 발견한 새로운 인체 기생충을 다루고 있다."

기생충이 인류 건강에 도움이 되는 방향의 연구도 활발하다고 하는데 구체적인 사례는?

━━━

"1997년 미국 아이오와대에서 돼지편충을 만성 염증성 장질환인 크론병이나 궤양성 대장염 환자의 증상 부위에 감염시켜 질환을 호전시키는 치료가 소개됐다. 2000년대 중반 이후 영국 노팅엄대에서는 개나 고양이에 기생하는 개구충(아메리카 구충)을 기관지 천식 환자의 장에 인공적으로 감염시켜 천식 증상을 완화시킨 임상 결과들이 나왔다. 국내에서도 세포에 기생하는 톡소포자충(현미경으로만 보임)을 이용해 암 면역요법이나 후천성면역결핍증(에이즈) 치료제, 알츠하이머(노인성 치매) 치료제 연구가 진행 중이다. 길이가 최대 9~10m에 달하는 대형 촌충인 동해긴촌충(광절열두조충)을 활용한 다이어트 방안도 국내외 연구자들 사이에 활발히 모색되고 있다. 그간 욕으로만 쓰이던 '기생충 같은 놈'이 앞으로는 칭찬의 의미로 통용될지도 모르겠다.(웃음)"

국내 학자로서 첫 세계기생충학자연맹^{WFP} 회장에 선출됐다. WFP 활동에 대해 소개해 달라.

———

"1960년 설립된 WFP는 세계보건기구^{WHO}와 연계해 기생충 연구 및 기생충 질병 관리를 위해 활동하는 기생충 학자들의 국제 모임이다. 지난해(2018년) 8월 대구에서 열린 세계기생충학회 총회에서 제가 회장으로 선출됐다. 한국인 회장은 제가 처음이라 크게 보도돼 쑥스럽다. 개최국인 우리나라 기생충학이 60여 년의 짧은 역사에도 이룬 성공적인 기생충 퇴치 연구업적을 인정받은 셈이다. 우리나라 기초학문의 위상이 그만큼 높아진 것이다. 재임 기간 연맹의 공식 학술지 발전과 더불어 현재 회원국을 40여 개에서 60개 이상으로 늘려 글로벌 학문연구 기구로 위상을 제고할 계획이다. 2022년에 덴마크 코펜하겐에서 열리는 제15차 세계기생충학회 총회(COPAL 2022) 준비도 체계적으로 해나갈 계획이다."

국내 첫 기생충박물관을 건립했다. 기생충박물관의 활용은?

———

"제가 몸담은 건협은 제5군 감염병 예방사업을 지원하는 법정단체이자 과거 우리나라 기생충 퇴치 역사에 동참해온 기관(한국기생충박멸협회)이어서 박물관이 필요하다고 판단했다. 다양한 기생충

표본과 사례, 경험 자료 등의 전시를 통해 우리나라 기생충 퇴치 역사와 잔존하고 있는 현재의 기생충병에 대한 재조명을 위해서다. 흔히 요즘은 기생충이 거의 사라졌다고 생각하지만, 한국인의 기생충은 박멸이 아닌 감염상의 변동으로 경향이 변화하고 있다. 전체 국민의 기생충 감염률은 감소했으나 기생충의 종류는 다양해져 진단과 치료가 어렵고, 전문성을 요하는 특수질환 군으로 자리 잡아 가고 있다. 이런 만큼 기생충박물관 전시를 통해 손쉽게 기생충을 알려 국민의 질병 예방 및 보건관리에 도움이 되도록 하고 있다."

기생충이 우리 삶에 시사하는 바도 작지 않다고 평소 많이 말씀하셨는데?

―――――

"생물학에서 말하는 기생 생활은 '기생충이 숙주의 몸에 성공적으로 들어가서 공존하는 것'이고, 기생충의 철학은 '우리 공존하자, 같이 살자'라고 할 수 있다. 기생충이 숙주를 괴롭히면 괴롭힐수록 숙주 면역반응이나 염증반응에 의해 기생충도 괴롭힘을 당하게 된다. 숙주를 죽이기까지 하면 기생충도 얼마 지나지 않아 죽게 된다. 그러므로 기생충은 숙주에게 피해를 주지 않는 범위에서 기거할 장소만 제공받고, 숙주 또한 기꺼이 자신을 양보하며 상생한다. 이것은 말하자면 생물체의 전략이다. 인간 세상도 보면 타인과의 관계에서 타인을 화나게 하거나 남을 괴롭혀서 못 견디게 하면 그것이 결국 자기에게 돌아오게 된다. 기생충의 공존방식을 우리 인간도 배워야 할 부분이다."

스스로 기생충 학자로서의 한평생을 회고하면?

"기생충에 대한 연구를 해온 지는 정확히 45년 정도다. 거의 반세기다. 그 세월 동안 참굴큰입흡충, 인산주걱흡충, 채씨작은흡충 같은 신종 기생충도 발견하고 많은 연구도 활발히 진행해 왔지만, 저는 아직도 기생충에 대한 호기심도 많고, 더 파헤치고 싶은 열망도 가득하다. 기생충 학자로 사는 삶은 제 천직이라 생각한다. 기생충 학자로서 후학을 양성하고 인류의 건강증진을 위한 학문연구에 매진할 수 있는 데 감사할 뿐이다. 갑갑하게 산 게 아닌가 하는 생각을 할 수도 있지만, 저는 순수하게 학자의 길을 걸어온 것에 자부심을 가진다."

북한과의 기생충 연구와 교류를 위한 방안에 대한 생각은?

"서울대 기생충학 교수 시절 북한 기생충 연구와 교류를 위해 수차례 북한을 방문한 적이 있다. 건협 회장으로 남북 교류가 다시 활발해진다면 그간의 기생충 관리 경험과 관리 사업의 노하우를 전하고 싶다. WFP 회장 자격으로 세계의 기생충 학자들과 함께 북한 기생충 연구 및 지원을 위한 교류 협력 방안도 모색하고 있다. 여건이 성숙하면 북한 기생충 학자를 초대하고, 우리 학자도 북한을 방문해 교류하는 방안도 모색할 수 있을 것으로 본다. 북한 지역의 기생충 감염률에 대한 최신자료는 없으나 지역, 계층 등에 따라 20~90% 정도로 여겨지고 있다. 지금부터라도 통일에 대비해 북한의 기생충 퇴치에도 관심을 가질 필요가 있다고 생각한다."

채종일 회장은…

·1951년 부산 출생 ·1976년 서울대 의대 의학과 졸업 ·1977~84년 서울대 대학원 의학석·박사 ·1988년 전남 신안에서 인체 기생 신종 흡충인 참굴큰입흡충 세계 최초 발견 ·1993년 국내 말라리아 재유행 최초 발견 보고 ·2001년 전북 부안에서 장 디스토마의 인체 기승 증례 10명 세계 최초 발견 ·1995~2016년 서울대 의과대학 교수 ·1995~현재 세계보건기구WHO 흡충질환관리 전문위원 ·1999~2001년 대한기생충학회 회장 ·2004~현재 대한민국 의학한림원 정회원 ·2005~현재 한국과학기술한림원 정회원 ·2009년 대한의학회 발전공로상 ·2008~현재 국제열대의학연맹IFTM 사무총장 및 재무이사 ·2012년 신풍호월학술상(국제협력부문상) ·2013~15년 대한기초의학협의회 회장 ·2016~현재 서울대 명예교수, 한국건강관리협회 회장 ·2018~현재 세계기생충학자연맹WFP 회장

구순·구개열 수술 권위자인 분당서울대병원 백롱민 원장은 23년간 베트남, 인도네시아 등 개발도상국 얼굴 기형 어린이들을 무료 수술해 '고마운 한국인 의사'로 불리는 글로벌 선의善醫다. 그는 인터뷰에서 "밥상에 숟가락 하나 더 놓아 밥을 나누어 먹듯이 제가 할 줄 아는 유일한 일을 하고 했을 뿐"이라며 "웃음을 잃은 아이들이 수술을 통해 새 삶을 찾고, 그의 온가족이 웃음을 되찾을 수 있는 이 일을 도저히 멈출 수 없다"고 말한다.

백롱민[*]

국내외 얼굴 기형 어린이 수천 명 무료 수술한 '글로벌 선의'

베트남인들에게 박항서 축구대표팀 감독은 '국민 영웅'으로 불린다. 변방에 머물던 베트남 축구를 도약시켜 그들에게도 '할 수 있다'는 자긍심을 불러일으켰다. 그의 활약 덕에 한국과 한국인의 위상도 덩달아 올랐다.

분야는 다르지만, 베트남 의료계에선 이미 오래 전부터 '고마운 한국인 의사'로 불리는 이가 있다. 바로 분당서울대병원 백롱민 연구부원장이다. 안면윤곽 수술 최고 권위자인 그는 1996년부터 매년 베트남을 찾아 태어날 때부터 구순(입술이 갈라지는 병)이나 구개열(입천장이 갈라지는 병) 등의 얼굴 기형으로 웃음을 잃은 어린이들

• • • • • • • •

* 분당서울대병원 부원장(2019. 04. 26) * (2019년 6월 분당서울대병원장 취임)

에게 23년째 무료 수술을 해주고 있다.

2016년에는 베트남 정부로부터 국가우호훈장을 받았다. 이 훈장은 외국인에게 수여 가능한 최고훈장이다. 그는 베트남뿐 아니라 몽골, 우즈베키스탄 등 10여 개발도상국 어린이 4천400명의 얼굴 기형을 무료 수술해온 선의善醫로 꽤 유명하다.

언론 등 주변에서 그의 봉사활동에 관심을 드러내면 "밥상에 숟가락 하나 더 놓아 밥을 나누어 먹듯이, 제가 할 줄 아는 유일한 일이고 직업으로 하는 일을 다른 장소에 가서 했을 뿐"이라며 겸손해한다.

지난 연말(2018년)에는 서울대 의대 동창회에서 주는 '장기려의도상'을 수상했다. 이 상은 '한국의 슈바이처'로 불린 고故 성산 장기려 박사의 업적과 헌신적인 이웃사랑을 기리기 위해 제정된 상이다.

지난 2019년 4월 22일 경기도 성남의 분당서울대병원 성형외과 진료실에서 백롱민 부원장을 만났다. 진료와 연구부원장 일로 늘 바쁜 데도 어렵게 시간을 냈다. 환한 웃음으로 기자를 맞는 그는 시종 밝게 웃으며 봉사하는 의사로서의 그간의 삶을 얘기했다. 남북 관계가 개선돼 하루빨리 북한 어린이도 치료해주고 싶다는 소망도 밝혔다.

요즘 근황은?

"(기자에게) 먼저 자꾸 의료봉사라고 하는데 그 말이 맞는지 모르겠다. 저 스스로 이걸 봉사라고 생각한 적이 없다. 제가 남보다 더 잘할 수 있는 몇 안 되는 일 중 하나가 얼굴 기형 애들 수술하는 거다. 그게 우리나라이든 베트남이나 미얀마이든 다 똑같은 일이라고 생각한다. 얼굴 기형 어린이가 있는 곳이면 어디든지 달려가 수술하는 것뿐이다. 요즘도 평소처럼 병원에서 성형외과 진료와 수술로 바쁜 나날을 보내고 있다. 연구부원장 보직도 맡고 있다. 병원은 당장은 진료로 먹고살고 있지만, 미래를 생각하면 연구는 필수적이다. 향후 미래 의료산업을 지탱할 것으로 기대되는 분야의 많은 연구가 필요하다. 해외 어린이 진료 준비도 하고 있다. 7월에는 베트남, 11월에는 미얀마를 갈 예정이다. 매년 하는 일이지만 늘 설렌다."

얼굴 기형 어린이 무료 수술을 시작한 계기는?

"초보 의사이던 1989년부터 형님이자 스승인 백세민 교수를 따라 얼굴 기형 어린이를 위한 이 일을 시작했다(백세민 박사는 1980년대 우리나라 얼굴 기형 수술의 권위자. 서울대 의대를 졸업하고 미국에서

일반외과와 성형외과에서 전문의를 취득한 후 미국 시나이병원 성형외과 과장을 역임하는 등 전도유망한 성형외과 전문의였다. 하지만 그는 "나를 낳고 키워준 조국에서 해야 할 일이 있다"며 국내 얼굴 기형 환자 치료를 위해 귀국해 봉사활동을 벌여왔다). 형님을 따라 국내 곳곳을 돌아다니며 얼굴 기형 환자를 순회 진료했다. 그때 얼굴 기형 환자들의 고충을 피부로 느끼게 됐다. 얼굴 기형 환자들은 놀림을 당할까 봐 외부 접촉을 극도로 기피한 채 집에서만 지낸다. 얼굴 기형 환아들이 적어도 돈이 없어 수술을 받지 못하는 일은 없게 하자는 취지로 시작된 것이 무료 수술 봉사였다. 또 당시에는 얼굴 기형에 대한 대중의 인식이 높지 않았기 때문에 보건소 등에서 주민들을 대상으로 강의했다. 교육, 홍보 활동을 통해 얼굴 기형에 대한 편견을 없애고 치료를 통해 정상적인 사회생활도 할 수 있다는 점을 알리기 위해 노력했다. 도움이 필요한 아이들이 점차 많아지고 봉사활동의 규모가 커지면서 조직화가 필요하게 됐다. 1995년부터는 '세민얼굴기형돕기회'라는 사단법인을 세워 체계적으로 활동을 시작해 지금까지 해오고 있다."

얼굴 기형 수술뿐 아니라 장비 지원은 물론 현지 의사들 교육도 한다고 들었는데?

———

"우리나라는 의료기술의 발달과 안정적인 건강보험 덕택에 대부분 만 1세가 되기 전에 치료를 받는다. 하지만 베트남 등 의술이 발달하지 못한 개발도상국에서는 꿈같은 이야기다. 1996년부터 시작한 베트남 의료봉사는 단순 물품 지원에 그치지 않고, 현지 의료진이 환자를 스스로 치료할 수 있도록 필요한 기술을 전파하고 교육하는 것에 초점을 맞췄다. 낚시에 비유하자면 물고기를 매번 직접 잡아줄 수는 없으니 잡을 수 있는 방법을 가르치는 것이다. 현지 의료진을 매년 한국에 초청해 1년간 교육을 하고 있다. 2014년부터 현재까지 베트남뿐만 아니라 이집트, 인도, 몽골 등 5개국에서 성형외과 전문의 12명이 다녀갔다. 이들은 귀국해서 현지 의료기술 발전에 큰 몫을 수행하고 있다."

얼굴 기형은 왜 생기고, 원인은? 환자는 어느 정도인가? 수술하면 완치가 가능한가?

———

"얼굴 기형은 얼굴에 생긴 선천적, 후천적 기형 및 외형의 이상을 아우르는 말이다. 원인은 확실히 밝혀지지 않았지만, 500명 중

1명에서 나타난다. 얼굴 기형을 가진 환아들은 얼굴의 외형적 장애를 제외하고는 정신적으로나, 육체적으로나 아무 이상이 없음에도 불구하고 외모 때문에 정상적인 사회생활이 불가능한 경우가 많다. 현재는 의학의 발달로 대부분의 얼굴 기형은 정상적 사회생활을 하는 데 지장이 없을 만큼 치료가 가능하다. 문제는 저개발국이다. 먹고살기 힘든 이들 국가에서는 이런 투자를 할 여유가 없다. 얼굴 기형 어린이들은 주변의 시선 탓에 사회생활을 할 수 없는 불가촉천민이나 다름없다. 아이의 부모는 자신의 잘못 때문이라고 자책한다. 이들의 고통을 누구보다도 잘 아는 성형외과 의사다. 할 수만 있다면 한 명이라도 더 웃음을 찾아주고 싶은 게 제 마음이다."

그간 수술한 아이들에 관해 얘기해 달라. 특별히 기억나는 환자가 있다면?

"국내에서는 1989년부터 4천600여 명의 얼굴 기형 어린이를 진료했고, 1천200여 명을 수술했다. 1996년부터는 해외로 활동 범위를 넓혀 베트남, 몽골, 우즈베키스탄, 인도네시아, 캄보디아, 미얀마 등지에서 4천400명의 얼굴 기형 어린이들을 무료로 수술했다. 여러 번의 대수술 끝에 회복한 베트남 환자가 기억에 남는다. 어릴 때 수류탄을 가지고 놀다 폭발 사고를 당해 얼굴과 몸통, 손을 포함한 전신에 심한 화상을 입었다. 후유증으로 턱이 목과 붙어 입을 제대로 다물 수조차 없었다. 손가락은 서로 붙어 있는 합지증도 갖게 되었다. 현지에서 수술이 어려워 국내로 초청해 2~3번에 걸친 대수술을 진행했다. 10대 후반에 첫 수술을 받았는데, 몇 년 후 집에서 농사지은 걸 가지고 인사하러 왔다. 마을 대장간에서 일하고 있고, 결혼까지 했다. 수술 후에 자신감을 되찾고, 활발히 사회활동을 하는 이들의 모습을 볼 때 보람이 크다. 어린아이를 수술하고 나면 환자보다 더 행복해하는 사람이 그 부모다. 수술 후 달라진 아이의 얼굴을 확인하고 밝게 미소 짓는 부모의 얼굴을 마주할 때 느끼는 보람은 이루 말할 수 없다. 그래서 제가 회장으로 있는 세민얼굴기형돕기회의 영어 이름도 'Smile for Children'으로 지었다."

그간 해외 의료봉사를 하면서 난관도 적지 않았을 것 같다.

"베트남을 예로 들자면, 한 번 봉사를 나가면 일주일간 100~150명의 어린이를 수술한다. 현지 수술장은 낡았고, 장비는 제대로 갖춰져 있지 않아 수술에 필요한 모든 장비와 물품을 한국에서 가져가 세팅해야 한다. 환자 상태와 수술 계획을 검토한 후 5개의 수술

테이블을 동원해 하루에 20~30명의 아이를 수술해야 하니 한순간도 쉴 틈이 없다. 경비 마련도 녹록지 않았다. 기업 후원을 받기 위해 해당 국가에 사업장을 가진 기업 홍보팀 혹은 사회공헌팀 직원을 찾아가 일일이 의료봉사의 취지를 설명하고 설득했다. 다행히 사회공헌에 뜻을 가진 SK텔레콤, 포스코대우, 아시아발전재단, 디케이킴코리아재단, KT&G, 로터리클럽 등 파트너들의 지원을 받아 안정적으로 봉사활동을 진행해 올 수 있었다. 어려운 가운데도 선뜻 지원해주는 기업들이 있어 고마울 따름이다."

남북 관계가 유동적이나 교류 재개 가능성이 상존한다. 평소 북한 어린이 수술 지원에 대해 자주 언급해왔는데?

"지난 20여 년간 얼굴 기형 환아를 위한 협력 사업을 준비해왔다. 합의서까지 작성하고도 급작스러운 남북 관계 변화로 번번이 좌절했다. 2002년 평양에 가서 당국자를 만나 사업 추진을 제의했는데 서해교전이 터졌다. 2009년에는 개성과 평양에 들러 다시 설명하고 의견도 접근했는데 이번엔 천안함 사건이 터졌다. 오랫동안 생각하고 준비했지만, 여건이 받쳐주질 않았다. 지금도 저로선 북한 의료봉사는 가장 큰 목표이자 숙원이다. 사회주의국가에서는 성형외과의 개념조차 희미하기에 도움이 절실히 필요한 얼굴 기형 어린이가 많다. 북한에서 이들을 자체적으로 치료할 수 있는 기반을 마련하도록 돕고 싶다. 일회성의 단순 물품 지원에 그치는 것이 아니라, 베트남 해외봉사 모델처럼 우리의 의료기술, 즉 소프트웨어를 전파하는 것이 이상적이라고 생각한다. 계속해서 준비하다 보면 다시 기회가 올 것이라고 생각한다. 한 핏줄인 북한의 얼굴기형 어린이들에게도 웃음을 되찾게 해주는 소망은 늘 갖고 있다."

백롱민 원장은…

· 1958년 부산 출생 · 1984년 서울대 의대 의학과 졸업 · 1996년 베트남 의료봉사 시작 · 2003년 분당서울대병원 성형외과 교수 · 2008~13년 분당서울대병원 진료 부원장 · 2002년 세민얼굴기형돕기회 회장 · 2009년 한국적십자박애장 은장 · 2013년 대통령 표창 · 2014년 오드리헵번 재단 인도주의상 · 2016년 베트남 국가우호훈장 · 2016~19년 분당서울대병원 연구부원장 · 2018년 장기려의도상 * (2019년 6월 분당서울대병원장 취임)

중앙대병원 소아외과 박귀원 임상석좌교수는 40년간 수술 3만여 건, 연구 논문 300여 편에 이르는 괄목할 만한 기록으로 소아외과학 분야 1인자로 통한다. 특히 국가중앙병원 1호 여성 외과의로 의료계 유리천장을 깬 이로도 주목을 받고 있다. 그는 인터뷰에서 "어느 분야든 전문성과 주인의식을 갖고 역할을 다하면 여성들에게 더 이상의 유리천장은 있을 수 없다"고 말한다.

박귀원[*]

고희 넘기고도 아픈 아이들과 울고 웃는 '소아외과 대모'

김영란 서강대 법학전문대 석좌교수, 손병옥 푸르덴셜생명 회장, 성시연 지휘자, 최연혜 전 한국철도공사 사장···. 이들의 공통점은 남성 위주의 조직에서 실력만으로 자신의 영역을 구축한 여성 리더라는 점이다.

의료계엔 중앙대병원 소아외과 박귀원 임상석좌교수가 대표적이다. 그는 이른바 '칼잡이'라 불리는 소아외과 분야의 유리천장을 깨뜨렸다. 1972년 서울대 의대를 졸업한 후 여성으로는 처음으로 소아외과에 발을 들여놓은 뒤 '서울대병원 첫 여자 외과의사', '서울대병원 소아외과 전임의 1호'라는 타이틀을 달았다.

· · · · · · · ·

[*] 중앙대병원 소아외과 임상석좌교수(2019. 05. 31)

그는 40여 년 동안 수술 3만여 건과 논문 300여 편의 괄목할 만한 실적으로 소아외과 명의 반열에 올랐다. 6년 전 서울대병원에서 정년을 맞이했지만 중앙대병원의 간곡한 요청에 따라 고희를 넘기고도 여전히 임상 현장을 지키고 있다.

지난 2019년 5월 27일 서울 동작구 흑석동 중앙대병원 소아외과에서 만난 박귀원 교수는 "제가 인터뷰 거리가 되냐?"면서도 "아픈 아이가 제 손을 거쳐 건강하게 성장하면 100년 가까운 삶을 살게 하는 것 아닌가. 보람이 작지 않다"며 웃어 보였다. 인터뷰 중간에 진료시간이 끝났는데도 아이를 안고 불쑥 방문한 부부에게 친절을 보였다. 갓난아기의 머리를 쓰다듬으면서 기자의 질문에 답했다.

어떻게 지내나. 일과는?

"늘 그렇듯 제 담당은 소아탈장, 선천성 항문직장기형, 선천성 거대결장증, 신생아 응급수술, 담도폐쇄증이다. 월·화·수는 외래를 보고, 목·금에는 수술을 한다. 응급환자가 있으면 요일을 가리지 않고 수술한다. 어제도 신생아 4명을 수술했다. 한 남자아기는 뱃속에서 창자가 꼬인 채 썩어서, 한 여자아이는 태어나면서부터 배설강 기형이 있어 수술했다. 다행히 모두 잘됐다. 우리 병원 주변에는 소아외과가 없으니 개업의들이 우리 병원으로 아이를 많이 보낸다. 항상 응급환자가 있어 늘 수술할 준비를 한다. 나이가 있어 힘들 때도 있으나 그게 소중한 내 일이다."

국가중앙병원 1호 여성 외과의다. 의료계의 유리천장을 깼다는 평가를 듣고 있다. 그간 주변의 반대와 편견으로 힘들었을 텐데?

"우리 집안에는 의사가 많다. 아버지는 대장항문 분야의 의사, 어머니는 산부인과 의사였다. 큰언니는 고려대 의대, 둘째 언니는 서울대 치대, 셋째 언니는 서울대 의대를 나왔다. 집안 식구가 대부분 의사이다 보니 저는 다른 일을 하고 싶었다. 법대에 가고 싶었다. 그런데 아버지가 법대에 가면 학비를 안 대주겠다고 해서 결국 의대에 입학했다. 진학하고도 본과 1학년 때까지는 후회했다. 그런데 2, 3학년 때 임상을 하다 보니 '환자를 돌보며 사회에 기여할 수 있어 보람이 크다'는 생각이 들었다. 법대는 사람을 단죄하는 것이고, 의사는 사람을 살리는 일이지 않은가. 외과 의사를 하고 싶었지만 당시 외과는 힘든 남성들의 영역이어서인지 여성들은 지원하지 않았다. 편견도 많았다. 서울대병원 위원회에서 까다로운 심사를 했고, 그 과정에서 교수들도 만류하거나 반대했다. '누가 여의사에게 수술을 받으려 하겠느냐', '야간 당직을 할 수 있느냐'며 거부감을 드러냈다. 부모님도 마찬가지였다. 어머니는 '산부인과도 외과 분야니 산부인과가 어떻겠냐'고 달랬지만, 제 고집대로 했다. 막상 소아외과 의사가 되고 나니 여태껏 여의사라는 이유로 담당 의사를 바꿔 달라는 환자는 단 한 명도 없었다. 언젠가 환자에게 '여자가 수술하는 게 겁 안 나느냐'고 물었더니 '바느질을 더 잘하지 않느냐'고 했다. 그렇게 응원해주는 이도 있어 힘이 났다. 체력적으로나 실력으로나 뒤지지 않으려고 열심히 달려왔다."

소아외과 최고 여성 명의로 업적이 남다르다는 평가를 받는데?

"소아외과 분야는 1978년 서울대병원에 처음 생겼다. 이듬해 제가 전임의(펠로)를 시작했다. 그때부터 소아외과 의사로 40여 년간 3만여 건의 수술을 했다. 연구 논문은 300편 정도다. 한창 시절에는 수술을 1년에 600건, 많을 때는 1천 건 이상을 했다. 어느 해는 1천200건을 한 적도 있다. 2014년 중앙대병원으로 옮긴 뒤에도 약 800건을 했다. 한창 때는 기네스감이라고 언론에서 기사화하기도 했다. 요즘은 나보다 열심히 하는 의사들이 많아 잘 모르겠다. 아무튼 돌이켜보면 열심히 아이들을 돌본 것 같다."

40여 년간 수많은 아이를 수술하고 진료했다. 특별히 기억에 남은 아이들을 소개한다면?

———

"20여 년 전에 삼천포에서 온 초등학생 남자아이가 있었다. 항문이 없어 지역병원에서 인공항문 수술을 했는데 수술이 잘못돼 배 윗부분에 볼록 튀어나온 대장 주머니를 달고 다녔다. 농사짓는 어머니에게 '서울에 한 번만 데려가 달라'고 아이가 졸라서 올라왔다. 수술해 새 항문을 만들어줬다. 대장 주머니가 없어졌다고 좋아하던 모습이 지금도 눈에 선하다. 성인이 된 뒤에도 간간히 소식을 전해왔다. 제주에서 온 남자아이도 잊히지 않는다. 설사를 하도 해서 검사해보니 대장·소장 전체의 신경이 없고, 장루가 있어 뱃속 변이 줄줄 샜다. 그때마다 창자를 꺼내 수술했는데 제대로 되지 않았다. 주변에서 '더 살기 힘들 것'이라고 했다. 절망감이 들긴 했으나 포기하지 않고 몇 차례 수술을 더 하자 장이 제대로 막히고 염증도 나았다. 저 스스로 신기했다. 이때 '끝날 때까지 끝난 게 아니다'라는 교훈을 얻었다. 어떤 아이도 포기하지 않겠다고 다짐했다. 이곳 중앙대병원에서 옛 여아환자를 20년 만에 재회하기도 했다. 광주에서 올라온 여자아이였는데, 담도낭종(간에서 만들어진 담도가 늘어나 기능을 못 하는 병)이 있어 복통과 구토를 반복해 제가 담관낭종 절제술을 집도했다. 이후 이 아이가 자라서 이곳 소아병동 간호사로 근무하고 있다. 얼마나 반가웠는지 모른다. 인연이 묘하다."

출산율 하락으로 비상이다. 아이들을 돌보는 입장에서 어찌 보는가?

"다른 얘기 같지만, 산전 초음파가 엉뚱하게 쓰이는 게 안타깝다. 태아의 이상을 확인해서 잘 치료해 낳으라는 것인데, 과거 초음파 기계가 나쁠 때는 잘 안 보이는데 기계가 좋다 보니, 그것도 3D로 보니 조금만 이상이 있어 보여도 낙태를 한다. 초음파에 이상이 있어도 수술만 하면 멀쩡하게 성장하는데, 안타깝다. 소아외과의로서 이런 걸 바로잡는 것도 중요하다고 생각한다. 초음파를 통해 태아에서 낭종이나 심장의 구멍 등 무언가 발견했을 때 제대로 판단할 수 있는 국가적인 기구가 필요하다. 아이와 산모의 건강 등을 종합적으로 고려해 판단해줄 수 있는 책임 있는 전문가들의 자문기구를 말한다. 섣부른 판단으로 귀중한 생명을 없애는 일은 없어야 한다. 정부도 아이를 낳으라고 하기에 앞서 국가가 보육과 교육을 모두 책임지는 차원에서 지원 확대가 필요하다. 이제 고등학교까지 의무교육도 한다고 하는데, 사교육비는 더 어려운 문제다. 이런 근원적인 문제가 해결되지 않고는 출산율 제고는 난망하다."

정년을 하고 중앙대병원으로 옮길 때도 의료계에선 화제였다.

―――――

"원래는 쉬려고 했다. 그런데 김성덕 중앙대병원장님의 간곡한 요청이 있었다(김성덕 원장은 박귀원 교수의 서울대 의대 1년 선배이자 전임의 동기다). 중앙대병원은 규모도 큰데 소아외과 전문인력이 없다. '쉬는 것을 몇 년 미루고 아이들을 돌봐 달라'고 부탁하는 바람에 덤으로 더 일하고 있다. 6년째 수술과 진료를 하고 있다. 서울대에서 국가 돈으로 공부하고 그 덕에 명성을 얻은 입장에서 건강이 허락하는 데도 그 지식을 사회에 환원하지 않고 떠나면 안 된다는 생각도 했다. 언젠가 병원을 떠나더라도 소아환자의 외과 수술을 담당할 수 있는 후배를 양성하고 가야겠다는 생각도 하고 있다."

후배 의료인에 당부의 말이 있다면?

―――――

"주변에서 저를 개척자로 얘기하지만, 지금도 소아외과는 여전히 힘들어 기피한다. 소아외과 환자들은 시한폭탄과 같다. 늘 긴장해야 한다. 머리부터 발끝까지 다 봐야 하고, 상태가 수시로 변한다. 신경 써야 할 일이 한두 가지가 아니다. 게다가 돈이 안 되니 일부는 유방외과 등 다른 과로 개업하거나 포기하는 이도 있다. 힘들다고 여전히 기피하니 국내 소아외과 분야 여의사는 손에 꼽을 정도다. 하지만 다른 이들이 많이 하지 않으니 오히려 빛이 날 수 있다. 조금만 잘해도 눈에 들어온다. 사명감을 가지고 하다 보면 보람이 클 뿐 아니라 주변에서 인정을 받기 마련이다."

향후 계획이나 꿈은?

"오랫동안 몸담아온 봉사단체가 있다. 불교계의 약사, 의료인, 자원봉사자 모임인 무량감로회다. 쪽방촌을 돌며 무료진료를 하고 있다. 네팔, 캄보디아 등 저개발국 진료봉사도 한다. 이 일 역시 보람이 크다. 오랫동안 회장을 해오다 1월에 넘겨주었지만, 봉사활동은 여생 동안 계속할 생각이다. 이곳에서 조금 더 아이들을 돌보다 병원을 떠나면 지금 살고 있는 춘천에서 무료 진료소를 운영할 생각을 하고 있다. 사회적으로 인정받는 의사로 주변의 은혜를 입었다. 그런 만큼 앞으로는 세상에 갚고 베풀며 살 생각이다."

박귀원 교수는…

·1949년 서울 출생 ·1972년 서울대 의대 의학과 졸업 ·1973~78년 서울대 의학과 석·박사 ·1979~80년 서울대병원 전임의사 ·1983~87년 서울대 의학과 조교수 ·1984~85년 미국 매사추세츠 종합병원 연구원 ·1987~92년 서울대 의과대 부교수 ·1992~2014년 서울대 의과대 교수 ·2003~04년 대한소아외과학회 회장 ·2006~08년 한국여자의사회 회장 ·2002년 올해의 의학의료인상 ·2008년 제4회 바이엘셰링임상의학상 ·2012년 장기려의도상 ·2015년 한독여의사 학술대상 ·2010~18년 무량감로회(무료 의료 봉사단체) 회장 ·2004~현재 대한민국의학한림원 회원 ·2014~현재 중앙대병원 소아외과 임상석좌교수

자생의료재단 신준식 명예이사장은 인터뷰에서 "독립운동을 한 선친의 유지에 따라 지난 30여 년간 한방 비수술 치료에 매진해왔다"며 "추나요법의 건강보험 적용을 계기로 한방치료의 국민 부담을 낮추는 일과 표준화·과학화 작업을 통한 한방의 세계화에 제 몫의 역할을 다하고 싶다"고 말했다.

신준식[*]

30여 년 추나요법 연구·보급 전력…
건강보험 적용 산파 역할

지난 2019년 4월부터 추나요법이 건강보험 적용을 받게 됐다. 한 방을 찾는 근골격계 환자들은 본인 부담률이 50%가량 줄어 1만~3만원으로 추나요법 진료를 받을 수 있게 됐다.

추나요법은 한의사가 손을 비롯한 신체 일부분, 추나 테이블 등 보조기구를 이용해 환자의 어긋나거나 비뚤어진 뼈와 관절, 뭉친 근육과 인대를 밀고 당겨서 치료하는 수기요법이다. 이 대표적인 한방 비수술 치료인 추나요법을 체계적으로 정립한 이가 신준식 자생의료재단 명예이사장이다.

신 이사장은 추나요법을 건강보험 궤도에 올려놓은 데 대해 독

* 자생의료재단 명예이사장(2019. 07. 28)

립운동가이자 한의사였던 부친의 유지에 따라 30년 넘게 추나요법을 연구·보급해온 데 따른 의미 있는 성취이자 결실이라고 말한다. 그는 추나요법의 시범과 강연을 위해 수시로 미국과 러시아, 두바이 등을 오가며 바쁜 나날을 보내고 있는 한의계의 대표적인 글로벌 인사이기도 하다.

신준식 이사장이 올 초부터는 새로운 가욋일을 시작했다. 독립운동가 후손 후원과 치료 지원에 나선 것이다. "올해 3·1운동과 대한민국 임시정부 수립 100주년을 맞은 만큼 이제부터라도 독립운동가와 그 후손들을 제대로 예우하는 사회적 분위기를 만드는 데 일조하고 싶다"고 말한다.

지난 2019년 7월 22일 서울 강남구 논현동 자생한방병원 15층 회의실에서 신준식 이사장과 인터뷰했다. 사실 그는 한의계뿐 아니라 스포츠·연예계에서도 잘 알려진 인사다. 야구선수 추신수와 프로골퍼 최경주 등 유명인의 부상 치료를 많이 했다.

그는 한방 비수술 치료인 추나요법을 정립하고 보급하게 된 배경, 한의사이자 독립운동가로서의 집안 얘기, 한방의 세계화 등에 관해 친절하고 차분하게 설명했다.

지난 4월부터 추나요법이 건강보험을 적용받게 됐다. 추나요법을 정립한 이로서 소회는?

———

"최근 한 종편 방송의 가요 경연 프로그램 '미스트롯'에서 우승한 가수 송가인이 교통사고 후 우리 병원을 찾아 진료받았다. 송가인이 받은 것이 의료기구 없이 손 등 신체의 일부를 이용한 치료법, 바로 추나요법이다. 신경근육계와 근골격계의 기능상 불균형과 부정렬, 즉 비틀어진 게 있는 환자에게 필요한 진단, 추나 치료, 치료 후 평가 등에 관련된 총체적 치료요법을 말한다. 근골격계의 구조와 기능을 최적의 균형 상태로 유지하기 위해서 인체의 생체역학적 기능 현상, 진단 방법, 치료 기술에 대해 연구하는 한의학 분과다. 30여 년 이 분야를 연구해온 한의사로서 추나요법이 건보 적용이 된 날, 제일 먼저 선친이 떠올랐다. 아버지는 독립운동을 하다 1957년 쉰이 넘은 나이에 한의사 시험에 합격했다. 아버지께서 쓰신 '청파험방요결'에 추나요법에 관한 내용이 담겨 있다. 어릴 적 아버지의 왕진을 따라다니며 추나요법을 어깨너머로 배웠다. 아버지는 탈구환자를 수기요법으로 치료하곤 했다. 지금으로 치면 특수 추나에 해당한다. 애석하게도 아버지는 척추골절 후유증으로 고생하다 돌아가셨다. 그때 저는 척추질환만큼은 내 손으로 정복해야겠다고 다짐했다. 그 후 30여 년간 좌고우면하지 않고 추나의 연구와 보급에 전력을 기울였다. 그리고 마침내 우여곡절 끝에 정부의 건강보험 궤도에 올리게 됐다. 국민들이 부담 없이 한방치료를 받을 수 있게 한 첫 성과라는 점에서 의미가 크다. 추나요법 정립자로서 보람을 느낀다."

추나요법의 연구와 보급을 위한 그간의 과정을 설명한다면?

"경희대 한의대 재학 시절부터 연구에 매진했다. 당시 수기요법에 관심이 있는 동기들과 1982년 '자생의학회'를 조직해 활동했다. 그 후 1991년 대한추나의학회를 조직해 현재 추나학의 토대를 구축했다. 당시 미국의 카이로프랙틱chiropractic과 오스테오패틱Osteopathic(오스티어패식) 의학, 일본의 정골整骨 요법, 중국의 투이나推拿 요법도 연구했다. 동서 수기치료의 장점들을 연구해 한국인의 체형에 맞도록 재정립했다. 무엇보다 표준화·과학화가 큰 과제였다. 효과를 확인하고도 비과학적이라는 평가가 꼬리처럼 따라다녔기 때문이다. 그래서 1999년에는 현재의 자생척추관절연구소JSR의 전신인 자생생명공학연구소를 설립했다. 치료를 표준화해 수많은 임상 데이터를 확보한 후 과학적으로 효과를 입증하는 작업을 해왔다. 이후 2008년 세계보건기구WHO 주최 세계전통의학총회에서 추나요법을 소개하자 해외 의료진이 관심을 보이기 시작했다.

2015년에는 미시간 주립대에서 추나요법을 정골담당의사 보수교육 과목으로 지정한 데 이어 미국 오스테오패틱 의사를 대표하는 미국 오스테오패틱의학협회의 정식 보수교육으로도 인정받았다. 지난해(2018년) 10월에는 제가 미국 샌디에이고 국제오스테오패틱의학 콘퍼런스에서 기조 강연자로 나서 미국 의사 수백 명 앞에서 추나요법을 선보였다. 최근에는 두바이 무함마드 빈 라시드 의과대학생들이 우리 재단이 운영하는 글로벌인턴십 프로그램에 참여하기 위해 방문했다. 그간의 과학화·표준화를 통한 세계화 작업의 성과를 확인하는 사례들이다. 이제 자신감이 생긴다. 한의학은 오랜 경험과 검증을 통해 현재까지 이어지고 있는 민족 유산임을 새삼 절감한다."

한의사로서 독립운동가의 후손을 돕는 일에 나선 배경은?

"올해(2019년)가 3·1운동 100주년이 되는 해인 만큼 독립운동에 기여한 영웅들을 위해 제 나름의 의미 있는 일을 하고 싶었다. 그러던 중 지인의 소개로 김삼렬 독립유공자유족회 회장을 뵙게 됐는데, 독립유공자 후손들이 어렵게 사는 이들도 많다는 것을 알게 됐다. 독립운동가의 지원은 장손 위주다. 차남들이나 딸들은 별다른 지원을 받지 못해 어려움을 겪는 후손들이 많다고 들었다. 지난

2월에 제가 몸담고 있는 자생의료재단에서 '독립유공자 및 유가족 지원 선포식'을 갖고 이들에게 관심을 기울이기 시작했다. 한의사로서 성공했다는 소리를 듣는 입장에서 독립유공자 후손의 학업과 생계에 조금이나마 도움이 됐으면 하는 마음으로 이 일을 하고 있다. 작은 성의에 불과하지만, 이를 계기로 독립운동 정신이 사회 곳곳에 이식되고, 독립운동가를 예우하는 사회적 분위기가 형성됐으면 좋겠다. 선친도 생전에 의술보다 인술이 앞서야 한다고 누누이 말씀하셨다. 앞으로도 독립운동가 후손들의 삶을 살펴보는 일은 꾸준히 할 계획이다."

지난 7월 1일 서울 마포구에 있는 독립유공자복지회에서는 독립유공자유족회 주관의 의미 있는 행사가 열렸다. 이날 신준식 이사장은 사재 1억원을 들여 독립유공자 유족회에 장학금을 전달했다. 이 기금은 독립유공자 후손들의 학업과 생계에 사용된다. 그가 속한 자생의료재단은 이미 독립유공자 및 후손 100명의 척추관절 건강을 보살피는 의료지원을 제공하고 있다. 그의 뜻에 따라 전국 21개 한방병원·한의원은 재단 사회공헌기금 3억원을 투입해 독립유공자와 후손들을 치료하고 있다.

독립운동가의 후손임이 최근에서야 공개됐다. 한방 비수술 치료에 매진하게 된 것도 독립운동가였던 부친의 유지라고 들었는데?

"저의 작은할아버지 신흘(신홍균) 선생은 독립군 대진단 단장을 지냈다. 대진단은 1920년 만주에서 조직된 항일 무력 독립운동단체다. 막내 할아버지 신동균 선생도 형과 함께 중국에서 항일 투사로 활약했다. 선친(신현표 선생)도 작은할아버지를 따라 독립운동의 산실인 동승촌(만주 목단강시 외동구)에서 군수품을 전달하는 독립운동을 펼쳤다. 조선 촌락인들이 황무지를 개간해 거주하는 그곳에서 아버지는 양식과 솜, 옷 등 군수품을 항일연합군 부대에 전달하는 역할을 수행했다. 작은할아버지인 신흘 선생의 활약상은 최근 들어 각종 독립운동 자료를 통해 알려졌고, 일부 내용은 언론에 소개가 됐다. 요즘은 역사학자 등 전문가들과 독립운동사 자료수집과 현장답사 등을 통해 작은할아버지의 독립운동사를 제대로 확인하는 작업을 하고 있다. 한의학자 집안에서 민족의학으로서 한의학을 연구해온 일이 독립운동과 밀접한 관련이 있다고 생각한다. 특히 제가 연구하는 추나요법은 약 2500년의 역사를 갖고 있으나 일제의 한의학 말살정책 이후 우리나라에서 그 이름조차 아는 사람이 드물게 된 치료법이었다. 이러한 치료법을 찾아내 30여 년간 우리의 치료법으로 키워온 것은 독립운동가 가문의 후손으로서,

한의학을 가업으로 잇고 있는 입장에서도 의미가 작지 않다."

추나요법 정립자이자 대한한방병원협회장으로서 앞으로의 구상은?

"침, 뜸, 부항을 제외하면 한방치료법 중에서 건강보험에 진입한 사례는 추나요법이 유일하다. 추나요법 건보 적용을 계기로 한의사협회와 함께 한방치료 보장성을 확대하는 데 노력을 다할 계획이다. 머지않은 시기에 많은 환자들이 보다 부담 없이 한방의료기관을 찾을 수 있게 하고 싶다. 추나요법 사례처럼 한방 치료의 표준화와 과학화가 중요하다. 이를 통해 종국에는 보장성 강화뿐만 아니라 자연스럽게 서양의학과 접목해 환자들에게 최적·최상의 치료를 제공하는 '통합의학'의 길로 나아가야 한다. 그 일을 위해 제게 주어진 사명이나 역할에 최선을 다하고 싶다."

남다른 건강관리법이 있다고 들었다.

"건강해야 환자를 돌보고, 연구도 하고, 봉사활동도 한다. 제 사무실이 15층에 있는데 매일 엘리베이터를 타지 않고 계단을 이용한다. 하루에 3~4번 오르기도 한다. 수시로 장소를 가리지 않고 '뒤꿈치 들고 제자리 뛰기'를 한다. 유산소성 근력운동이라 조금만 하더라도 흥건하게 땀이 난다. 여기에 다리와 복부에 긴장을 주면 단기간에 많은 칼로리를 소모할 수 있다. 아침 기상 후에는 눈 마사지와, 치아를 건강하게 하는 고치법을 실천한다. 눈 마사지는 잠자리에서 일어나 30회 정도 손바닥을 비벼 마찰열을 만들고 이를 눈에 덮어 따뜻하게 하면 된다. 간단해 보이지만 오장의 정기가 올라오는 눈 주변 근육의 긴장과 피로를 풀어주는 효과가 있다. 고치법은 윗니와 아랫니를 '딱딱' 소리가 나도록 가볍게 부딪히며 자극을 주는 것이다. 치아 건강과 뇌 혈액순환에 도움이 된다."

신준식 명예이사장은…

·1952년 충남 당진 출생 ·1988년 경희대 한의학 졸업 ·1990년 자생한의원 개원 ·1991년 척추신경추나의학회 설립 ·1999년 자생한방병원 승격 개원· 경희대 한의대 박사 ·2006년 국민훈장 동백장 ·2015년 국민훈장 모란장 ·2003~현재 대한한방병원협회 회장 ·2011~현재 미국 미시간 주립대 명예교수 ·2017~현재 자생의료재단 명예이사장 ·보건복지부 한의약육성발전심의위원회 위원 ·한약진흥원 근거중심추진한의약위원회 이사 ·척추신경추나의학회 명예회장

가톨릭관동대 국제성모병원 영상의학과 정태섭 교수는 쉰이 넘은 나이에 본업인 의학에 예술을 융합한 새로운 형태인 엑스레이 아트에 입문해 10여 년 만에 세계적인 엑스레이 아티스트의 위상을 확보했다. 개인·단체전 등 100여 차례의 작품전을 열었고, 초·중·고 미술 교과서에도 작품이 실렸으며, '아시안 아트 프라이즈' 30인에도 선정됐다. 그는 작업실에서 가진 인터뷰에서 "하고 싶은 일을 마음껏 하니 인생 시계가 거꾸로 가는 것 같다"며 "새해를 앞두고 나 같은 중년들에게 당부하고 싶다. 한 번뿐인 인생을 원 없이 살기 위해선 체면이나 주변의 눈치를 살피지 말고 신나고 재밌는 일을 찾아 몰두하자"고 말했다.

정태섭[*]

국내 엑스레이 아트 개척… 인생 2막 즐기는 별난 의사

1895년 독일의 뢴트겐이 발견한 'X-RAY(선)'가 있기까지 우리가 볼 수 있었던 물질의 속내는 극히 일부분이었다. 정체를 알 수 없는 '미지의 X'라는 의미로 X선이라 부른다. X선 덕택에 의학과 산업은 비약적인 발전을 이룩했다. 이 X선 사진을 판독해 숨겨진 질병을 찾는 이가 영상의학과 전문의들이다.

이들 가운데 자신의 업을 밥벌이로써 방어적으로 수행하는 데 그치지 않고 남다른 발상으로 예술과 융합해 새 예술 장르를 개척한 이가 국내 최초의 엑스레이 아티스트 정태섭 가톨릭관동대 국제성모병원 영상의학과 초빙교수다.

• • • • • • • • •
* 가톨릭관동대 국제성모병원 영상의학과 교수(2019. 12. 26)

4천여 명의 영상의학과 전문의 가운데 면허번호 1호이기도 한 그는 2006년 이 세계에 입문한 후 개인전 19회를 포함해 100여 차례의 작품전을 열었다. 그의 작품은 TV 드라마 〈태양의 후예〉에도 등장했고, 초·중·고 미술 교과서에 실렸다. 2014년에는 '아시안 아트 프라이즈' 30인으로 선정됐다.

그가 엑스레이 아트에 뛰어든 해의 나이는 53살이었다. 무언가에 도전하기에는 다들 주저할 시기에 자신만의 독자적인 예술 영역을 구축해 그의 말대로 시간 가는 줄 모르는 인생 2막을 즐기고 있다. 무엇이든 뚝딱 만들어내 '맥가이버'란 별명도 지닌 데다 세계 화폐 수집, 별자리 관측 등 스무 가지가 넘는 취미의 소유자다. 의학계에서 '별난 의사'로 통한다.

지난 2019년 12월 23일 정태섭 교수를 서울 서초구 양재동에 있는 그의 작업실에서 만났다. 협소한 공간의 작업실은 '꽃의 빅뱅', '조용한 아침' 등 사방이 엑스레이 아트 작품으로 가득했다. 이곳이 그의 말대로 인생 2막의 재미와 짜릿함을 주는 아지트다.

요즘 어떻게 지내나?

"지난(2019년) 8월 연세대를 정년퇴직한 뒤 지금은 인천국제성모병원에 새 둥지를 틀었다. 병원에 나가는 주 3일을 제외하고는 이곳에서 엑스레이 아트 작업을 한다. 요즘은 새로운 작품을 구상하고 있다. 지난 여름에 연세대박물관에서 정년 기념전시를 했다. '투시'라는 제목으로 42점을 출품했는데, 사인참사검이 관심을 모았다. 언더우드 선교사가 고종 황제에게 직접 하사받은 귀한 유물이다. 여기서 착안해 우리의 소중한 유물을 엑스레이 아트를 통해 새로운 예술 작품으로 만들어 보고 싶은 욕심이 생겼다. 그래서 관계자들을 만나 의논하고 있다. 지난해 〈하루를 살아도 후회 없이 살고 싶다〉는 책을 낸 뒤로 강의 요청이 많이 들어오는데 시간이 나는 대로 특강을 다닌다."

엑스레이 아트라는 새로운 장르를 개척했다. 계기가 있나?

"(기자에게) 동전의 앞뒤 면을 한꺼번에 볼 수 있는 방법을 생각해본 일 있나요? 별로 없을 것이다. 엑스레이로 보면 된다. 전국에 영상의학과 전문의 4천여 명을 포함해 방사선 관련 분야 종사자가 약 2만 명이 되지만 누구도 그 생각은 하지 않는다. 난 어릴 적부터 호기심이 많았다. 남들과 달리 생각하는 버릇이 있다. 영상의학과 교수가 하는 일은 엑스레이 사진을 판독해 질병을 찾아내는 것이다. 엑스레이 사진을 보다 보면 특이한 것을 발견할 때가 있다. 어느 날 콧속 엑스레이에서 '하트' 모양을 봤다. 이것을 엑스레이로 잘 찍으면 예술이 되지 않을까 생각해봤다. 그때부터 이것 저것 찍어보기 시작했다. 하나 좀처럼 작품이 나오질 않았다. 그러던 어느 날 TV에서 기형도 시인의 '입속의 검은 잎'이란 시가 언급되는 것을 보고 "바로 이거다"라고 무릎을 쳤다. 그림으로 그리기도 어렵고, 사진으로 담아낼 수도 없는 관념적인 소재가 아닐 수 없다. 엑스레이 사진으로 표현하면 최상이라고 생각했다. 그날 바로 장미 모양 브로치를 구해 입에 물고 직접 엑스레이 기계 앞에 섰다. 처음엔 제가 모델을 했으나 마음에 들지 않아 제 후배를 모델로 해 작품을 만들었다. 인터넷에 작품을 올리자 반응은 뜨거웠다. 이때 희열은 지금도 잊을 수 없다. 그 후 대상을 사람뿐 아니라 꽃, 소라 껍데기 등으로 넓혀 엑스레이 사진으로 일상의 삶을 작품화하기 시작했다."

첫 전시회를 열기까지 난관도 많았다고 들었다.

———

"작품 전시회를 하려고 여러 갤러리를 찾아다녔지만 번번이 거절당했다. 갤러리에선 생소한 분야라서 그런지 '무슨 엑스레이 예술이냐'며 거부했다. 세어보니 열두 번이었다. 속이 쓰렸지만 오기가 앞섰다. 전시장 관계자들에게 거절당할 때마다 이유를 물어 노트에 받아 적었다. 열세 번째 방문한 갤러리에서 전시 공간을 얻었다. 놀랍게도 그때 메모해둔 내용이 작품을 만들 때 큰 도움이 됐다. 그 후 차츰 인정을 받으니 신이 나 밤잠 아껴가며 작품에 몰두했다. 신기하게도 피곤하지 않았다. 예술이 가져다주는 기쁨과 행복 때문이다."

엑스레이 아트 작품화 과정과 그간의 활동을 소개한다면?

"작품 하나를 완성하기 위해 사람의 전신을 부위별로 나눠 40여 장을 찍는 일이 흔하다. 부위별로 찍은 사진을 이어 붙이는 일이 어렵다. 잘못하면 이어 붙인 사진 사이사이로 틈이 보이거나 간격이 맞지 않아 어그러지기 때문이다. 작품 대상은 다양하다. 해바라기, 목련, 장미 등 꽃을 많이 이용한다. 사람도 대상이다. 악기 연주하는 사람, 골프 치는 사람, 춤추는 사람 등 주변에서 흔히 볼 수 있는 이들이다. 엑스레이가 뿜어내는 기계적인 차가움은 꽃과 사람 등 자연물의 따뜻함과 어우러지며 절묘한 작품이 된다. 제 작품 '바이올린 선율'을 예로 들면, 연주회에서 흔히 보는 바이올린 연주자의 모습이 아니다. 해골과 목뼈, 손뼈, 근육의 미묘한 움직임을 포착하면서 바이올린의 선율이 몸의 어떠한 운동과 반응으로 생겨나고 있는지를 보여주고 있다. 10여 년 동안 개인전 19회, 단체전 84회 등 103차례 전시회를 가졌다. 파리와 모스크바 등 해외 초청 전시회에도 다녀왔다. 국립현대미술관 미술은행이 와인 마시는 여인의 모습을 담은 '좋은 날이야'를 비롯해 3점의 작품을 사갔다. 시립미술관, 세브란스병원, 강남세브란스병원 등에 제 작품이 소장돼 있다. 의학과 과학, 미술의 융합 사례로 2010, 2013, 2014년 초등학교와 중학교 교과서에 제 작품이 실렸다. TV 드라마 〈태양의 후예〉에도 '언약'과 '장미의 영혼' 등의 작품이 노출됐다. 2014년에는 홍콩과 런던에 근거지를 두고 있는 소버린 예술재단에서 주최하는 '아시안 아트 프라이즈' 30인에 선정됐다. 다들 신기해하고 놀라워한다. 그래서 일상이 즐겁다. 엑스레이 아트에 빠져든 순간부터 내 인생 시계는 거꾸로 가기 시작했다."

영상의학과 교수로서의 본업과 예술 활동을 같이 하는 일이 쉽지 않았을 텐데?

"엑스레이 아트에 빠져서 일을 게을리 한 게 아니다. 너무 재미있게 놀면 남들이 질투할까봐 일도 더 열심히 했다. 그래서 EBS 프로그램 '명의'에 선정되고, 세계적인 학술지에 논문을 1년에 2~3편 이상 실었다. 집중력의 문제다. 의사로서의 삶이 집중이라면, 아티스트로서의 삶은 몰입이다. 의사로서의 집중은 엄청난 에너지 소모를 요구하지만, 아티스트의 몰입은 자신도 모르게 빠져

들게 된다. 직업적인 일은 결과의 목표 중심 작업이기에 스트레스가 쌓이지만, 예술가의 일은 과정 자체를 즐기는 것이기에 스트레스가 오히려 해소되고 에너지가 충전된다."

쉰이 넘은 나이에 새로운 예술세계에 입문해 독보적인 영역을 구축했는데?

"내 나이 53세에 엑스레이 아티스트를 시작했다. 은퇴해도 전혀 이상할 것이 없는 나이에 입문했다. 동료 교수의 눈총도 있었지만, 내가 좋아서 한 일이라 신경 쓰지 않았다. 향후 20년이란 세월 동안 즐길 수 있는 엄청난 놀잇감이 생긴 셈이었다. 주목받는 아티스트가 아니었으니 부담도 없었다. 기대도 간섭도 하는 이가 없었고, 얼굴이 두꺼워져서 뭐든 내 맘대로 시도해볼 수 있었다."

'맥가이버', '취미왕' 등의 별명을 지닌 튀는 의사로 알려져 있다.

"바쁘고 긴장된 병원생활에서 소소한 행복과 재미를 찾으려고 노력했다. 종일 머리 쓰는 일에 매달리다 이런저런 장난감을 만들며 머리를 식혔다. 그러다 보니 취미가 소라껍질 스피커 만들기를 비롯해 세계 화폐 수집, 옛 엑스레이 기계 수집, 음향기·망원경 만들기, 붓글씨 쓰기 등 스무 가지쯤 된다. 숨어 있던 재미를 찾으니 일에도 활기가 돈다. 60대 중반인 지금도 또 다른 새로운 즐거움이 없을까를 생각한다. 무엇이든 만들기를 좋아한다. 집에 종이박스로 고양이아파트를 만들었다. 실내 공기청정기도 만들고, 소라를 이용한 스피커도 직접 만들었다. 요즘은 커피로스팅기를 만들었다. 아내에게 아침마다 커피를 서비스한다. 얼마 전 '튀는 의사'로 TV에 소개되기도 했다."

앞으로의 계획과 소망은?

"밝고 재밌는 교수로 보이지만, 제게도 내일이 오는 게 두렵던 순간이 있었다. 고백하건대 30, 40대는 지옥 같았다. 대학 시절은 의사가 되기 위해, 의사가 되고 나서는 교수가 되기 위해 청춘을 몽땅 바쳤다. 그러던 어느 날 '이러다간 정말 큰일 나겠다'는 생각이 들면서 정신이 번쩍 났다. 그래서 찾은 것이 엑스레이 아트다. 이제는 하루하루가 즐겁다. 인생에는 여섯 발의 총알이 있다고 생각한다. 20~60대까지 10년에 한 발씩 총알을 쏘는 시기다. 60대 중반인 내게는 이미 여러 발을 쏴 한 발밖에 남지 않았다. 한 발뿐인 것은 슬픈 일이기도 하지만 한편으로는 감사한 일이다. 마지막이기에 끝장을 본다는 마음으로 최선을 다해 방아쇠를 당길 수 있다. 그 한 방이 나의 엑스레이 아트다. 정열적으로 작품 활동과 전시를 지속할 계획이다. 하고 싶은 일을 마음껏 하며 재밌게 나이 드는 게 소망이다."

정태섭 교수는…

·1954년 부산 출생 ·1979년 연세대 의대 졸업, 의사면허 취득 ·1983년 영상의학과 전문의 취득 ·1987년 연세대 의대 전임강사 ·1992~93년 미국 필라델피아 펜실베이니아의과대학 연구교수 ·1997년 인제대 의대 의학박사 취득 ·2000년 연세대 의대 정교수 ·2007년 X-ray아트 1회 전시회 갤러리정 ·2010~12년 대한자기공명의과학회장 ·2011년 프랑스 파리 AUP갤러리 X-ray아트 초청개인전 ·2014년 런던·홍콩 소버린 예술재단 아시아 30인 작가 선정 ·2014~16년 MBC 어린이과학프로그램 '아하! 그렇구나' MC ·2015년 러시아 모스크바 티미랴제프 국립박물관 X-ray아트 초청 개인전 ·2010~19년 X-ray아트 초중고 교과서 8종 수록 ·2019년 8월 연세대 의대 교수 정년퇴임, 옥조근정훈장 ·2019~현재 가톨릭관동대 국제성모병원 영상의학과 초빙교수 ·저서로 〈아하 박사님 과학하고 놀기〉, 〈X-Ray Art〉, 〈하루를 살아도 후회 없이 살고 싶다〉 등 다수

권준수 서울대 정신건강의학과 교수는 인터뷰에서 "보통의 행동에서 벗어난 이들은 분명 뇌세포가 제대로 작용하지 않아 이런 현상이 생긴다는 확신을 갖고 30년간 뇌 기능 연구에 집중해 왔다"며 "뇌가 병든 이유를 알고 치료한다면 잃어버린 품위를 되찾을 수 있다"고 말했다. 또 "조기 발견과 조기 집중치료 시스템 확립을 위한 국가적 투자가 필요한 때"라고 덧붙였다.

권준수[*]

정신질환자의 인권·삶의 질 위해 30년 외쳤다

최근(2020년 1월) 〈정신병원을 폐쇄한 사람〉이란 책이 국내에 번역·출간됐다. 존 풋 영국 브리스틀대 교수가 펴낸 이 책은 이탈리아 정신의학자 프랑코 바잘리아(1924~80)의 정신질환자 인권을 위한 정신보건 개혁운동에 관한 기록을 담고 있다. 그의 투쟁으로 이탈리아의 정신질환자에 대한 인식과 처우는 크게 개선됐다.

이들을 보호하는 '정신병원'은 아예 존재하지 않는다. 지역사회의 정신보건센터와 협동조합 등이 그 역할을 수행한다. 바잘리아는 정신질환자에게는 '자유가 최고의 치료'라고 강조한다. 정신의학계에서는 그의 이 말을 금과옥조로 여긴다.

· · · · · · · ·

* 서울대병원 정신건강의학과 교수(2020. 02. 15)

권준수 서울대병원 정신건강의학과 교수는 지난 30년간 정신질환자에 대한 부정적인 인식과 오해와 편견을 바로잡는 데 기여해 온 '선의善醫'다. 바잘리아 같은 투쟁적인 방법은 아니지만, 괄목할 만한 연구실적과 진료로 정신질환자들의 인권과 삶의 질을 개선하는 데 기여해 왔기 때문이다.

정신질환을 인간의 생각과 행동을 주관하는 뇌 기능과 관련해 연구한 시조始祖로 불리기도 한다. 분쉬의학상·아산의학상·서울대 연구자상 등의 수상 경력은 그의 의학계 권위와 무게감을 뒷받침한다.

지난 2020년 2월 13일 서울 대학로 서울대병원 본관 연구실에서 그를 인터뷰했다. 강박증과 조현병, 정신증 고위험 환자를 주로 보는 그에겐 연간 3천여 명의 환자가 전국에서 몰려든다. 어렵게 시간을 낸 그에게 '정신과의사'로서의 그간의 삶과 연구 업적, 현안 등에 관해 물었다. 신뢰감을 주는 낮게 깔린 차분한 음성으로 내담자에게 설명하듯 친절하게 설명했다.

요즘 근황은?

"작년에는 진료와 각종 학회 등 외부 일정으로 바빴다. 대한신경정신의학회 이사장을 하면서 경남 진주 (아파트 방화살인 사건 범인) 안인득 사건 등 조현병 환자들의 사고와 고故 임세원 교수의 안타까운 사고 등 많은 일이 생겨 학회에서 대응한 일들이 많았다. 이제 이사장직을 내려놓은 만큼 여유를 가지려고 한다. 그간 소홀히 했던 연구에 매진하고 있다. 연구결과를 실제 환자들에게 도움이 되게끔 하는 방법을 구상하고 있다."

벌써 2월이다. 새해의 결심을 이어갈 멘털 관리법을 조언한다면?

"습관을 바꾸기 위해선 시간이 필요하다. 우리 뇌의 신경회로가 바뀌어야 한다. 오랫동안의 잘못된 습관과 관련된 뇌 신경회로가 형성돼 있어 그것을 바꾸기 위해서는 좋은 습관과 관련된 신경회로 형성이 필요하다. 힘들더라도 꾸준히 오랫동안 지속하면 좋은 습관이 형성된다. 정신건강법으로 두 가지를 권한다. 첫째는 정신건강에 앞서 필수적인 것이 신체건강이다. 운동을 규칙적으로 해야 한다. 끊임없는 자극이야말로 생명체를 유지하고 활성화하는 핵심요소다. 둘째는 휴식이다. 신체·정신적인 휴식이다. 이완요법, 복식호흡, 명상, 요가 등을 통해 자신을 돌아보는 시간을 반드시 가질 필요가 있다."

성장 과정이 궁금하다. 정신건강의학과 교수가 되기로 결심한 계기가 있나?

"고2 때 TV 장학퀴즈 프로그램에 출연한 적이 있다. 대구에서 기차를 타고 서울역에 내렸을 때 맞은편 대우빌딩을 보고 문화적 충격을 받았다. 이때부터 "서울 와야겠다"는 생각을 했다. 아버지는 그냥 대구에 있는 의대를 가길 바랐다. 당시 대학입학 예비고사를 앞두고 한 달간 집을 나왔다. 서울 가야겠다는 고집을 부렸다. 결국 내가 이겼다. 내 고집으로 서울대 의대에 진학했다. 당시엔 인간, 삶과 죽음, 인간관계에 대해 고민이 많았던 것 같다. 그래서 비관론pessimism과 숙명론적fatalism 세계관이 형성된 것 같다. 의대생 시절엔 동아리 지도교수가 이부영 교수님이셨다. 그것이 지금 정신과를 결정하게 된 계기가 된 것 같다. 교수님은 분석심리학을 정신의학·신화·민속·인류학 등과 접목한 분석심리학계의 태두다."

정신건강의학 분야에 '최초'란 수식어가 붙는 업적이 많은데?

"1996년부터 3년간 미국 하버드대 정신과에서 연수했다. 그곳에서 한 연구가 뇌에서 발생하는 감마gamma 파가 조현병에서 이상이 있고, 이것이 인지기능과 관련이 있다는 내용이다. 당시 이 논문을 세계 처음으로 학계에 발표해 주목을 받았다. 당시 인지기능 연구의 대가인 미국 UCLA 의대 정신과 마이클 그린 박사는 '정신분열병에 대한 임상연구와 기초연구를 맺어주는 가교역할을 했다'고 평가했다. 2008년에는 한국인으로서는 처음으로 국제정신약물학회CINP의 정회원 1천 명이 투표로 결정하는 5명의 평의원회 회원으로 선출됐다. 개인적으로는 강박증 클리닉 도입을 큰 보람으로 여긴다. 국내에서 강박증에 대한 치료나 연구가 거의 없는 상황에서 2000년대 초반 서울대병원에 클리닉을 열었다. 치료법 개발과 기전 연구를 많이 해 환자에게 도움이 되는 인지행동치료의 개발, 스트레스 관리프로그램, 약물치료 등을 발전시켰다. 아시아에선 우리 연구실이 가장 강력한 코호트cohort와 연구 역량을 가지고 있을 것이다."

국내에서 정신적인 건강 문제를 호소하는 이들이 얼마나 되나. 무엇이 원인인가?

———

"국내 정신질환 유병률은 25% 정도다. 기본적으로 정신질환은 본인의 취약성(뇌의 취약성)이 전제된다. 여기에 외부 스트레스가 동반되면 질환이 발현된다. 개인의 스트레스 관리도 중요하지만, 사회적인 스트레스가 발생하는 것을 줄이려는 노력이 필요하다.

경제·정치적 양극화 등 사회적 원인이 크다. 여기에다 상식적이고 합리적인 것보다 자신이 바르다고 생각하는 것만을 보려고 하고, 그것을 합리적 방법보다는 힘으로 해결하려는 사회풍조가 문제다. 이런 것들이 심한 스트레스가 되고, 발병에도 역할을 한다. 정부에서도 정신질환을 개인 문제로 치부하지 말아야 한다. 전체 보건의료 예산에서 정신건강 분야가 차지하는 예산이 경제협력개발기구[OECD] 국가가 평균 5%다. 그러나 우리나라는 1.5%에 불과하다. 아직 멀었다."

정신분열병을 조현병으로 병명 개정하는 데 역할을 했다. 그 과정을 설명한다면?

"2009년부터 3년간 정신분열병학회 이사장을 지냈다. 당시 '아름다운 동행'이라는 인터넷 카페에서 4천여 명의 환자와 가족들이 비인권적인 병명 개정에 대해 청원을 했다. 'Schizophrenia'라는 말은 1908년도 스위스 정신과의사 오이겐 브로일러가 명명한 것인데, 일본에서 정신분열병으로 번역했다. 그런데 정작 일본에서는 정신분열병이라는 이름이 낙인을 일으킨다고 해서 2002년에 통합실조증으로 변경했는데, 우리는 정신분열증으로 불렀다. 그래서 2008년부터 병명 개정위원회를 조직해 개명 운동을 벌여 2011

년 국회를 통과한 후 공식적으로 사용하게 됐다. 학회가 주도적 역할을 한 셈이다. '현악기의 줄을 고르다'는 뜻을 가진 조현병 명칭은 신경계 혹은 정신의 튜닝이 적절하게 이루어지지 않아 마음의 기능에 문제가 생긴 질환이라는 과학적 해석을 은유적으로 표현한 것이다. 병명이 바뀐 후부터 환자에 대한 일반 인식이 달라지기 시작했다."

조현병을 비롯한 정신질환자에 대한 우리 사회의 편견이 여전한데?

———

"언론 역할이 중요하다. 조현병 환자의 범죄를 다루는 선정적인 보도를 통해 정신질환에 대한 혐오를 키우는 일이 적지 않다. 국내 주요 일간지의 정신질환 관련 기사 중 약 3분의 2가 사건·사고 기사였고, 부정적인 관점에서 이들을 다루고 있다. 객관적인 의학정보를 담거나 긍정적 측면에서 기술한 기사는 찾아보기 힘들다. 언론이 앞장서 올바른 정신건강 정보를 제공할 필요가 있다."

2018년 12월 환자가 휘두른 흉기에 숨진 임세원 교수 사건 이후 정신질환자 문제와 의료진 안전에 대한 문제가 동시에 대두했다. 해법은?

———

"이런 일들이 생기면 일반의 정신질환자에 대한 편견이 더 강화

된다. 그래서 경기도 오산이나 수원에서 정신병원 건립에 주민들이 혐오시설이라고 반대한 일들이 생긴 것이다. 결국 정신질환자들이 일반 국민과 더불어 살아가기 위해서는 이런 일들이 일어나지 않도록 예방하는 것이 중요하다. 급성기 증상이 있으면 빨리 이를 치료할 수 있는 시스템을 구축하고, 유지기 치료를 받는 사람은 재발을 막기 위한 제도적 장치, 그리고 만성기 환자들엔 재활 시스템 구축 등이 필요하다. 임세원 교수 사건도 결국 환자를 빨리 치료해야 하는데, 그 환자를 돌봐줄 가족도 환자를 책임질 수 없었고, 아무도 책임지기 어려운 상황이었다. 하루빨리 국가에서 정신질환자들이 치료를 적절히 받을 수 있는 촘촘한 시스템 구축과 이를 위한 과감한 예산 투자가 필요하다."

조현병 연구는 어디까지 와 있나. 완치할 수 있는가?

"조현병에 관련된 유전자는 100개 이상이 된다. 그러나 아직 기전을 밝히기 어려운 상태다. 뇌 영상술의 발달로 뇌 이상에 대해 많은 연구 보고가 있지만, 역시 뇌 변화는 결과일 뿐 그것의 원인 접근에는 한계가 있다. 최근 진단과 관계없이 뇌 이상을 통해 정신질환을 분류하려는 경향이 있다. 인공지능AI, 머신러닝Machine learning, 빅데이터Big Data 분석을 통해 그나마 조금씩 발전하리라 생각한다. 그러나 개인적으로는 완치 방법을 밝히는 것은 불가능하다고 생각한다. 조현병은 뇌 전반에 걸친 이상을 보이는데, 우리 뇌는 신경세포가 1천억 개가 있고, 시냅스가 100조 개 정도 있기 때문에 이것의 연결과 기능을 밝히는 것이 과연 가능할까 하는 생각이 든다."

권준수 교수는…

· 1959년 경남 밀양 출생 · 1984년 서울대 의대 졸업 · 1992년 서울대병원 임상교수 · 1994년 서울대 대학원 의학박사 · 1996~98년 미국 하버드대 의대 정신과 연수 · 2010년 대한민국 의학한림원 정회원 · 2013~14년 서울대 의학도서관장, 서울대병원 미래전략본부장 · 2005~08년 대한불안의학회 회장 · 2008~12년 대한정신분열병학회 이사장 · 2018~19년 대한신경정신의학회 이사장 · 2019~현재 대한뇌기능매칭학회 회장 · 2009년 분쉬의학상, 함춘의학상 · 2012년 서울대병원 지석영상 · 2013년 아산의학상 · 2017년 에밀 폰 베링 의학대상 · 2000~현재 서울대 인지과학협동과정, 뇌과학협동과정, 임상약리협동과정 겸임교수

현봉학박사기념사업회 한승경 이사장은 인터뷰에서 "현봉학 박사님은 1950년 흥남철수작전 때 미군을 설득해 10만 피란민을 탈출시킨 전쟁영웅이다. 당시 흥남부두에 가득했던 절망과 탄식을 희망과 환희로 바꿔낸, 우리가 반드시 기억해야 할 인물이다. 그런데 그의 활약이 요즘 세대엔 제대로 알려지지 않아 안타깝다"며 "기념사업회 활동을 통해 박사님의 숭고한 용기와 의로운 뜻을 받들어 제2, 제3의 현봉학을 배출하는 국가·사회적인 환경 조성에 기여하고 싶다"고 밝혔다.

한승경*

한국판 쉰들러 현봉학 박사의 자유·민족애 계승해야

"장군, 부탁드립니다. 이대로 철수하면 저 사람들은 다 죽습니다. 제발 도와주세요." 2014년 개봉해 1천400만 관객을 모은 영화 〈국제시장〉 도입부에는 미 10군단 청년 통역관이 흥남부두에 모인 피란민 철수를 미군 장군에게 간청하는 인상적인 장면이 나온다. 이 영화 속 실제 인물이 현봉학(1922~2007) 박사다. 1950년 12월 23일 중공군에 쫓기는 피란민 10만 명을 자유의 품에 안긴 이른바 '한국판 쉰들러'로 불리는 전쟁영웅이다.

자신의 미국 유학 시절 우연히 현봉학 박사를 만난 후 그의 삶에 매료돼 인생 후반을 그를 선양하는 일에 헌신하고 있는 이가 현

* 현봉학박사기념사업회 이사장(2020. 03. 14)

봉학박사기념사업회 한승경 이사장이다. 피부과 의사, 특히 백반
증 권위자인 그가 현봉학 박사의 삶에 푹 빠져 활동하는 것이 이채
롭다. 주변에선 그를 "시도 때도 없이 현봉학 박사의 업적과 정신
을 자랑하는 '현봉학 마니아'"라고 한다. 한승경 이사장은 "젊은 시
절 알게 된 박사님의 삶을 통해 국가와 민족이 무엇인지를 생각하
게 됐다"며 "박사님의 삶이 내 인생의 나침반이었다"고 말한다. 그
는 "요즘 젊은이들이 박사님의 삶을 배워 제2, 제3의 현봉학을 나
오게 하는 것이 기념사업회의 목적"이라고 강조한다.

지난 2020년 3월 13일 서울 용산구 한강로 숙대입구역 인근 우
태하·한승경피부과를 찾아 인터뷰했다. 그의 방엔 현봉학 박사 활
동 관련 각종 서적과 포스터, 기념물 등으로 가득해 '현봉학 마니
아'임을 증명했다. 그로부터 현봉학 박사의 삶과 그와의 인연, 기
념사업회 활동에 관해 들어봤다.

요즘 어떻게 지내나?

"현봉학 박사님을 선양하는 기념사업회 일도 하면서 피부과 의
사이니 환자를 본다. 요즘 신종 코로나바이러스 감염증(코로나19)
상황이 심각해 환자들에게 약을 충분히 지어주고 자주 오지 말라
고 당부한다. 코로나19 사태가 빨리 종식돼야 할 텐데 걱정이다.

모교 연세대 의대 총동창회장을 맡고 있어 동문 의사들이 대구 현지 의료지원을 나가는데, 이를 뒤에서 돕는 일을 하며 지낸다. 수많은 의사들이 대구로 향하는 것을 보면 감동적이다. 제 눈에는 한 사람 한 사람이 6·25전쟁 당시의 현봉학 박사님 같아 보인다."

현봉학 박사는 어떤 분이고, 기념사업회는 무슨 일을 하나?

"영화 〈국제시장〉을 보면 알 수 있다. 우리가 꼭 기억해야 할 6·25전쟁 영웅이다. 1950년 12월 중공군 참전으로 전황이 불리해지면서 미군은 '흥남철수작전'을 개시했다. 그 막바지 단계에서 연합군 함정단이 수많은 피란민을 태우고 흥남 항구를 떠나 한반도 남단 거제도에 왔다. 함정을 이용해 피란길에 오른 동포가 10만 명이다. 초유의 '인간 이동 드라마'다. 이 대서사극은 전적으로 현봉학 박사님이 있었기에 가능했다. 당시 미 10군단 민사부 고문관으로 참전 중이던 현 박사님은 에드워드 아몬드 사령관에게 수차례 간청해 군수물자를 버리는 대신 피란민 전원을 군함과 지원선을 통해 거제도로 이송했다. 그런데 이 무용담이 제대로 알려지지 않았다. 그러던 중에 2014년 12월 영화 〈국제시장〉이 대박난 데 이어 국가보훈처에서 '12월의 전쟁영웅'으로 현봉학 박사님을 선정하자 관심을 갖는 이가 많아졌다. 현 박사님은 세브란스의전 출신이다. 그래서 그해 12월 26일 연세대에서 전쟁영웅 선정 기념 축하연을 했다. 그 행사 후 이성낙 가천대 명예총장의 주도로 그를 기리는 기념사업회를 만들어야 한다는 의견이 많았다. 많은 분의 노력으로 2017년 기념사업회를 설립해, 제가 이사장을 맡았다. 기념서적 발간, 강연회 등을 통해 현봉학 박사님의 동포애와 그가 지키려는 자유의 숭고한 가치를 알리는 일을 하고 있다."

현봉학 박사님과 어떻게 인연이 됐나. 철수작전 당시 상황에 대한 증언이 있다면?

"1994년 미국 토머스 제퍼슨 의대 피부과에서 연수했다. 그곳에서 현 박사님을 처음 만났다. 당시 이 대학에서 공부하던 숙모 소개로 만났다. 처음엔 현 박사님이 어떤 분인지 몰랐다. 이후 여러 차례 뵈면서 흥남철수작전 얘기를 듣고 감동했다. 제 부모님도 흥남철수작전 때 북에서 피란을 왔기 때문에 현 박사님에 대한 각별한 존경심을 갖게 됐다. 많은 얘기를 해주셨다. 배에서 거제로 탈출하는 사흘간 피란민들은 선박 구석뿐 아니라 차량 밑, 장갑차 위를 가득 메웠다고 한다. 공간이 협소해 앉는 것은 고사하고 선 채 사흘간 버틴 이가 많았다. 먹거리도 부족한 데다 기본적인 생리도 해결하지 못한 채 자유에 대한 갈망으로 견뎌냈다. 거제에 도착하기까지 한 명의 사망자도 없었다. 그중 1만여 명이 탄 빅토리아호에선 5명의 새 생명이 태어났다. 미군은 그들에게도 김치 1, 2, 3, 4, 5호로 명명했다. 극한 환경에서도 태어난 새 생명들은 피란민에게 새 세상에 대한 희망을 품게 했다. 이들은 1950년 12월 24일 부산항에 도착했지만, 피란민으로 가득해 부산에 내리지 못하고 다음날인 25일 거제에 도착했다. 그래서 '크리스마스의 기적'으로 불린다."

현봉학 박사님은 자신의 얘기를 잘 하지 않았다고 저서에 밝혔는데?

"현 박사님은 자신의 공을 자랑하는 사람이 아니었다. 당신을 '한국의 쉰들러'라 부르는 이들에게 "내가 한 일은 아무것도 아니다"라며 늘 손사래를 쳤다. 피란민들의 자유를 찾는 데 도움을 준 것이 결과적으로 이들을 이산가족으로 만들었다는 생각을 하셨다. 피란민 중에는 월남 후에 낯선 땅에서 어려움을 겪은 이들도 많았다. 심지어 배를 탄 것을 후회하는 사람도 있었다. 많은 사람을 원치 않게 이산가족을 만들었다는 생각을 주변에 가끔 말씀하셨다."

현봉학 박사님은 철수작전 공로뿐 아니라 병리학자로서 유명했는데?

"현 박사님은 전쟁이 끝난 후에는 이산가족 만남과 통일운동에 기여할 바를 꾸준히 찾았다. 재미교포로서 1985년 미·중 한인우호협회나 1991년 설립된 국제고려학회에 적극 참여한 것도 이와 무관하지 않았다. 중국 연변 의과대학 명예교수로 자주 중국을 방문한 현 박사님은 윤동주 시인의 시를 읽고 감명받았다. 그 후 당시 연변에 교환교수로 있는 일본인 오무라 마쓰오 와세다대학 명예교수에게 부탁해 윤동주 시인의 묘를 찾게 한 일은 유명하다. 방치했던 윤동주 시인의 묘소를 재단장했다. 이후 '윤동주 문학상'을 제정해 윤동주 시인의 글과 정신이 계속 전해지도록 했다. 현 박사님은 원래 임상병리학자다. 휴전 후 미국으로 돌아가 컬럼비아 의대와 제퍼슨 의대 병리학 교수를 지냈다. 미국 임상병리학회가 주는 세계적인 권위의 '이스라엘 데이비드슨상'도 수상했다. 그가 몸담았던 뉴저지 뮬런버그 병원은 박사님의 업적을 기려 병리학 연구실을 '현봉학 임상병리교실'로 명명했다."

현봉학 박사님 동상 건립 운동도 주도했는데?

———

"2016년 12월 서울 중구 연세재단 세브란스 빌딩 앞에 현봉학 박사님 동상 제막식을 했다. 영화 〈국제시장〉이 흥행하면서 현 박사님의 활약이 대중에 알려지고 동상 건립 여론이 조성됐다. 건립 추진위 사무총장을 맡아 연세대 재단이사회, 서울시, 중구청 등과 오랜 기간 협의해 지금의 자리에 동상을 세웠다. 연세대 동문을 상대로 모금해 2억원을 만든 뒤 국가보훈처에서 5천만원을 지원받았다. 오광섭 작가의 제작으로 청년 모습의 동상을 건립했다. 동상에는 '자유와 인류애의 표상, 영원히 기억합니다'라는 글이 새겨져 있다. 현 박사님에 대한 존경을 실천하는 증표다. 어려운 숙제를 끝낸 것 같아 보람이 작지 않다."

흥남철수작전에 기여한 에드워드 포니 대령도 발굴 소개해 알리는 작업을 하고 있는데?

———

"6·25전쟁 당시 흥남철수작전에서 에드워드 포니(1909~65) 미해병대 대령은 현봉학 박사님을 도와 피란민을 구출하는 데 결정적인 공헌을 한 미군이다. 그 역시 당시 활약에 비해 우리에게 잘 알려지지 않았다. 인천상륙작전의 주 설계자였던 그는 포항상륙작전 당시 제1 기병사단의 하역과 상륙에 관한 계획을 준비하고 1만명이 넘는 병력과 2천 대 넘는 차량을 포항에 상륙시켜 부산지역 방어에 결정적인 역할을 한 인물이다. 우리 기념사업회에서 현 박사님과 함께 포니 대령도 적극적으로 알리는 일을 해왔다. '은혜를 잊지 않는 대한민국'임을 보여주고 싶었다. 국가보훈처에서 2018년 그를 '12월의 전쟁영웅'으로 선정하는 데 기여했다. 사업회 차

원에서 그의 자녀 등 후손들과 자주 교류하며 기념사업회 활동을
함께 하고 있다.”

'현봉학 마니아' 이전에 피부과 의사, 특히 백반증 권위자로 유명한데?

————

“1980년대 제가 백반증 연구를 시작한 때만 해도 '백반증=불치
병'이었다. 치료를 어떻게 해야 하는지도 몰랐다. 수많은 백반증
환자들을 임상하면서 2000년대 초 얼굴에 생긴 백반증에는 일정
한 패턴이 있다는 걸 알게 됐다. 얼굴에 생기는 백반증을 6가지로
분류하는 백반증 분류법을 세계 최초로 밝혀냈다. 이 분류는 현재
전 세계 피부과 의사들이 진료에 참고하고 있어 자부심을 느낀다.
쑥스럽지만 제가 2000년 영국 블렉웰 사이언스를 통해 출간한 〈비
틸라이고^{Vitiligo}(백반증)〉는 세계 피부과 의사들의 백반증 교과서로
여겨진다.”

기념사업회의 향후 계획은?

————

“올해(2020년) 12월 세 번째 주 화요일을 '현봉학의 날'로 지정·
선포할 예정이다. 이날 국가보훈처와 연세대 등 관계 단체 등과 협
의해 현 박사님의 삶과 업적을 기리는 다양한 행사를 열 계획이다.

'현봉학 봉사상'도 제정해 제1회 수상자를 낼 계획이다. 요즘 코로나19와 사투를 벌이는 수많은 이들이 있다. 특히 감염자가 폭증한 대구로 달려가 구슬땀을 흘리며 환자를 돌보는 젊은 의사들이 대견하다. 이들이야말로 자랑스러운 현 박사님의 후배이자, '이 시대의 현봉학'이라 할 수 있을 것이다. 코로나가 종료된 후 이들 중의 한 명을 선정해 시상하는 것도 생각 중이다. 당부하고 싶다. 우리 기념사업회는 문이 열려 있다. 현 박사님의 정신을 배우고자 하는 이들, 특히 젊은이들은 언제든지 연락을 달라."

한승경 이사장은…

·1955년 부산 출생 ·1981년 연세대 의대 졸업 ·1990년 연세대 의대 박사과정 수료 ·1993년 미국 뉴욕 의대 방문교수 ·1995년 미국 토머스제퍼슨 의대 피부과 임상교수 ·1998년 미국 국립 백반증재단 이사 ·1988~98년 연세대 의대 피부과 교수 ·1999년~현재 우태하·한승경 피부과 원장 ·2004년 유럽피부과학회 회원 ·2007년 대한피부과의사회 회장 ·2008년 대한의사협회 정책이사 ·2010~16년 현봉학박사추모위원회 간사 ·2012년 대한백반증학회 회장 ·2015년 대한온천학회 회장 ·2017~현재 연세대 의대 총동창회장, 사단법인 현봉학박사기념사업회 이사장

헐버트박사기념사업회 김동진 회장은 인터뷰에서 "국민, 특히 청년들이 '한국인이라면 헐버트를 하루도 잊어서는 안 된다'라는 안중근 의사의 말씀대로 헐버트 박사가 한민족에게 어떤 인물일까를 한 번쯤 되새겼으면 한다"며 "정부가 외국인 독립운동가에 대한 가치를 새롭게 인식하고 이들을 재평가해 '은혜를 잊지 않은 민족'임을 국제사회에 알릴 필요가 있다"고 강조했다.

김동진[*]

독립 외치던 푸른 눈의 헐버트…
개화기 한국 문명화의 선구자

우리 민족 역사의 고비에는 기억해야 할 이들이 많다. 특히 서양 문명과 맞닥뜨렸던 개화기와 나라의 주권을 잃었던 일제강점기에는 더더욱 잊지 말아야 할 인물이 많다. 안중근·윤봉길·주시경·유관순·김구….

그런데 우리나라와는 아무런 이해관계가 없는 이방인이면서 일제의 침략주의에 맞서 우리의 독립을 위해 헌신한 이들도 있다. 그중 대표적인 인물이 미국인 호머 헐버트(1863~1949) 박사다. 헐버트 박사는 23세 때 조선을 만나 생을 마감할 때까지 63년을 한민족과 영욕을 같이한 외국인 독립운동가다.

• • • • • • • •

[*] 헐버트박사기념사업회 회장(2019. 11. 23)

대학 시절 헐버트 박사의 책을 접하고 흠모하다 미국 뉴욕에서 외국계 은행에 근무하던 중 우연히 그의 손자를 만나 그의 삶에 매료돼 그의 업적을 연구해온 이가 헐버트박사기념사업회 김동진 회장이다.

그는 "헐버트 박사는 독립운동가이자 언론인, 고종의 밀사로 우리가 잊어서는 안 될 민족의 은인인 데도 요즘은 그를 기억하는 이들이 많지 않다"며 안타까워한다. 대한매일신보를 발행한 영국인 어니스트 토머스 베델이나 '3·1운동의 34번째 민족대표'로 불리는 캐나다 출신 프랭크 스코필드 박사보다 상대적으로 덜 알려져 있기 때문이다.

최근(2019년) 김동진 회장은 '은혜를 잊은 민족이 돼서는 안 된다'는 생각에 헐버트 박사의 생애를 다룬 〈헐버트의 꿈 조선은 피어나리!〉를 출간했다. 그의 헐버트 연구 30년 결정판인 셈이다.

지난 2019년 11월 21일 서울 광화문 세종문화회관 뒤편 주시경 마당에서 그를 만났다. 주시경마당은 개화기 국어학자인 주시경의 한글사랑을 기리는 공간이다. 이곳에는 주시경 선생과 함께 헐버트 박사의 조형물(부조상)도 있다. 그래서 김동진 회장에게는 각별한 의미가 있는 곳이다. 그는 "이제라도 개화기 헐버트 박사님의 한국 사랑을 제대로 조명하고 합당한 예우를 해야 한다"며 인터뷰 내내 목청을 높였다.

〈헐버트의 꿈 조선은 피어나리!〉를 출간한 동기는? 사실 헐버트 박사가 어떤 분인지를 모르는 이들이 많다.

―――

"헐버트 박사는 개화기 한국 문명화의 선구자이자 우리 독립운동의 횃불이었다. 하지만 오늘날 헐버트란 이름은 우리 국민에게 여전히 낯설다. 3·1운동과 임시정부 수립 100주년, 헐버트 박사 서거 70주기를 맞아 잘 알려지지 않은 헐버트 박사의 한국 사랑을 국민에게 알려야 한다는 사명감에서 책을 냈다. 개화기 한국 역사에 그의 손길이 안 닿은 데가 없다. 한글 사랑은 놀랄 만큼 뜨거웠다. '한글과 견줄 문자는 세상 어디에도 없다'며 한글 전용을 주창한 분으로, 최초의 한글 교과서 〈사민필지〉를 출간했다. 명성황후 시해사건 직후 고종의 침전에서 불침번을 섰던 인물도 그였고, 을사늑약을 저지하기 위해 1905년 미국의 루스벨트 대통령을 방문한 고종의 대미 특사도 그였다. 1907년 이상설 등이 네덜란드 헤이그에서 열린 제2회 만국평화회의에 밀사로 참석, 각국 외교관과 현지 언론에 을사늑약의 무효와 대한제국의 국권 회복을 호소하자 이를 뒤에서 적극 도왔다. 일본은 헤이그 특사 파견을 빌미로 눈엣가시 헐버트 박사를 한국에서 추방했다. 그는 고국에 돌아가서도 언론 기고를 통해 한국 독립을 주장했다. 이후 정부 초청으로 40년 만인 1949년 7월 29일 한국에 돌아왔으나 불과 일주일 후 세상을 떠났다. '한국에 묻히고 싶다'는 생전 그의 소망에 따라 서울 마포구 합정동의 양화진 외국인 묘지에 묻혔다. 30년을 그의 업적을 연구하고 있는데 알면 알수록 고개가 숙여지는 분이다."

헐버트 박사를 알기 전까지 외국계 은행에서 '잘 나가던' 금융인으로 살아왔는데?

"1978년 미국 케미칼은행에 입사해 30여 년을 국제 금융인으로 일하며 제이피모건은행 한국 회장을 지내기도 했다. 재직 중 외국의 선진 금융기법 도입에 나름 노력했다. 미국의 C/P, 후순위채 등 선진 금융기법을 처음 우리나라에 소개했다. 외환위기 때 해외채권단 대표로 활동한 일은 지금 돌이켜봐도 뿌듯하다. 특히 후순위채를 '후순위채'로 부를까 '차순위채'로 부를까 고심하던 기억이 생생하다. 우리나라가 많은 외자가 필요한 시기였기에 국제 금융기관을 통해 한국의 기업과 금융기관에 외자를 주선한 일도 자부심으로 남아 있다. 미국의 주요 은행이었던 체이스맨해튼은행에서 최초의 한국인 대표로 임명되었던 순간도 잊을 수 없는 추억이다."

헐버트 박사와 인연을 맺게 된 계기가 있나. 20년간 헐버트박사기념사업회를 이끌어 오고 있는데?

"대학 재학 때 헐버트 박사가 쓴 '대한제국의 종말'을 읽고 조선이 왜 망했는지와 이방인인 그의 조선과 조선인에 대한 깊은 사랑을 알게 됐다. 1989년 미국은행 뉴욕 본사에 근무할 때 우연히 헐버트 박사의 손자를 만난 후 그의 삶에 매료됐다. 헐버트 박사 연구가 하나님이 나에게 내린 소명이라는 생각을 했다. 은행 일을 하면서도 시간을 내어 헐버트 박사에 관한 자료를 찾는 일에 몰두했다. 헐버트 박사에 관한 자료가 있는 곳이면 어디든지 달려갔다. 어느 날 뉴욕 컬럼비아대 도서관 지하에서 먼지를 뒤집어쓴 채 헐버트 박사 관련 자료를 찾다가 힘이 들어 막 나가려다 선반 모서리를 건드려 책을 떨어뜨렸다. 책을 주워 담다가 발견한 '한국어가 영어보다 우수하다'는 헐버트 박사의 글을 발견했다. 당시 희열은 잊지 못한다. 그 후로 그의 삶에 푹 빠졌다. 내 평생의 과업으로 생각하고 있다."

안중근 의사의 헐버트 박사에 관한 최초의 언급 등 그간 알려지지 않은 새로운 자료들도 발굴했는데?

———

"안중근 의사가 1909년 하얼빈에서 이토 히로부미를 저격하고 뤼순 감옥으로 이송된 뒤 일본 경찰에게 '한국인이라면 헐버트를 하루도 잊어서는 안 된다'고 공술한 내용이 담긴 일본 통감부 비밀 문서를 발굴했다. 두 분은 당시 만난 적이 없다. 그런데도 안중근 의사가 당시 헐버트의 우리 민족을 위한 헌신 등을 충분히 알고 있었음을 짐작케 한다. 미국 뉴욕에서 발행되던 '뉴욕 트리뷴'New York Tribune(당시 뉴욕 최대 부수의 신문)에 헐버트 박사가 1889년에 기고한 '조선어The Korean Language'라는 글도 발굴했다. 이 글은 조선 말글에 대한 최초의 국제적 소개이자 한국어에 대한 최초의 언어학적 고찰이다. 헐버트 박사가 1910년 8월 29일 한일 강제병합 소식을 듣고 일본에 분개해 미국 신문에 '일본 외교는 속임수가 전부다. 모든 나라는 일본의 사기 외교에 속지 말아야 한다'고 호소한 기고문도 발굴했다. 서거 한 달 전인 1949년 7월 '한민족은 세계에서 가장 빼어난 민족'이라고 미국 기자와 회견한 내용을 발굴했을 때는 울지 않을 수 없었다. 우리는 우리 스스로를 폄훼했지만 헐버트 박사는 우리의 저력과 잠재력을 알아보고 무한한 자긍심을 심어주셨다."

평소 우리를 도운 외국인 독립운동가들의 은혜를 잊어선 안 된다고 자주 언급했는데?

———

"개화기에 많은 외국인이 이 땅에서 활약했다. 그 중에서도 한국의 주권을 수호하고 되찾기 위해 독립운동에 나선 분들은 꼭 기억해줘야 한다. 이들은 이해관계를 떠나 순수하게 정의와 인간애의 바탕에서 우리 독립을 위해 자신을 희생했다. 지금 대한민국으로부터 서훈된 외국인 독립유공자는 70명이다. 이들 70명 중 임시정부가 있던 중국의 중국인들을 제외하면 외국인 36명이 우리나라를 도왔다. 그 중에서 헐버트 박사는 한평생인 50년을 한국 독립에 매진한 유일한 분이다. 우리는 헐버트 박사를 비롯한 이들에게 어떻게든 고마움을 전하고 이들의 정신을 기려야 한다. 그랬을 때만이 은혜를 아는 진정한 선진 문화민족이 될 수 있다고 여긴다."

구상 중인 추모 사업이나 향후 계획을 소개한다면?

———

"우선 우리나라 최초의 교과서이자, 그것도 한글 교과서인 〈사민필지〉 영인본을 제작해 국민에게 이 책의 역사적 의미를 알리고 싶다. 헐버트 기념관도 건립해야 한다. 그를 세계에 알리는 일은 곧 한국을 세계에 알리는 일이다. 왜냐하면 헐버트 박사의 삶의

대상이 모두 한국이기 때문이다. 헐버트 박사는 한민족 전체를 위해 헌신했고, 남북 분단의 한을 안고 서거했다. 따라서 가능하다면 남북을 어우르고 국제평화를 상징하는 비무장지대DMZ 같은 곳에 세웠으면 좋겠다. 아울러 헐버트 박사가 살고 당시 활동한 덕수궁 정동길을 '헐버트 독립 운동길'로 조성하는 안을 당국에 건의할 생각이다. 정동길에 헐버트 박사가 몸담았던 우리나라 최초의 관립학교 육영공원이 있었고, 고종 황제로부터 밀사명을 받으며 고종의 밀서를 받은 곳이 바로 정동의 중명전이기 때문에 고종과 헐버트를 함께 기억하는 공간이 될 것이다."

정부에 당부하고 싶은 말은?

"대한민국이 과연 우리를 도운 외국인들을 제대로 대접하고 있는지를 새겨볼 필요가 있다. 올해 임시정부 수립 및 3·1운동 100주년인데 우리를 위해 헌신한 외국인 독립운동가에 관련된 행사는 단 한 건도 없었다. 언론도 조명을 안 하고, 정부도 행사를 안 했다. 안타깝다. 이제라도 정부가 외국인 독립유공자를 제대로 예우하고 기리는 방안을 마련해야 한다. 문재인 대통령이 나서서 우리가 서훈한 외국인 독립유공자에게 감사의 말씀을 전한다면 국민들도 지금까지 몰랐던 사실을 알게 되고, 그 나라 국민들도 감동할 것이다. 이들에 대한 감사는 이들이 속한 나라와의 우의증진에도 도움이 되는 민간외교가 될 수 있다. 우리의 국격을 높이는 일이기도 하다."

김동진 회장은…

· 1950년 전북 진안 출생 · 1980년 건국대 법학과 졸업 · 1986년 연세대 경영대학원 졸업 · 1988년 미국 케미칼은행 뉴욕 본점 한국·대만 담당 매니저 · 1996년 후순위채(Sub. Debt) 국내에 최초로 소개 · 1998년 IMF 외환위기 외채연장 협상에서 국제채권단 대표 · 1999년 미국 체이스맨해튼은행 한국 대표 · 1999년 헐버트박사기념사업회 발기인 및 부회장 · 2001년 미국 제이피모건은행 한국 회장 · 2002년 PCA투신운용 대표이사 · 2003년 국무총리 표창(외자유치 공로) · 2004~현재 헐버트박사기념사업회 회장 · 2006년 헐버트의 저서이자 최초의 한글 교과서 〈사민필지〉 영인본 공개 · 2010년 〈파란 눈의 한국혼 헐버트〉 출간 · 2011년 뉴욕 코리아소사이어티에서 헐버트 박사에 관한 특별강연 · 2013년 정부에 청원, 헐버트 박사 외국인 최초로 '이달의 독립운동가'(7월) 선정 · 2014년 정부에 청원, 헐버트 박사 '금관문화훈장' 추서, 미국 미시간 주립대가 주는 '글로벌코리아상' 수상 · 2016년 〈헐버트 조선의 혼을 깨우다〉 출간 · 2018년 독립기념관 비상임 이사 · 2019년 〈헐버트의 꿈 조선은 피어나리!〉 출간

반세기를 한글 지킴이로 살아온 이대로 한말글문화협회 대표는 인터뷰에서 "도심 거리에 한글 간판이 사라지고 영어 간판이 난무하고 있다. 공공기관의 각종 문서에도 영어 남용과 혼용이 심각하다. 이는 우리말을 지켜야 할 정부기관과 지방자치단체들이 영어 바람을 부채질하고 단속을 하지 않기 때문"이라며 "정부가 나 몰라라 하면 한글 단체들이 나서 관련 기관을 업무 태만과 직무유기로 고발해 우리 말과 글을 지키는 시민운동을 펼치겠다"고 말했다.

이대로*

영어 섞어 쓰면 멋지나요?⋯ 한글이 빛나야 겨레도 빛나죠

지난 2019년 10월 9일은 573돌을 맞은 한글날이었다. 매년 한글
날이 있는 시월 초·중순에 눈코 뜰 새 없이 분주한 이가 이대로 한
글학회 부설 한말글문화협회 대표다.

　올해도 영어 오남용에 관한 토론회 주최, '2019 우리말 지킴이
와 헤살꾼'(남의 일을 짓궂게 훼방하는 사람) 선정 발표, 한글날 기념
행사 '세종대왕 납시오' 참여 등 크고 작은 행사를 치르느라 분주
했다. 1967년 대학 재학 때부터 한글운동에 뛰어든 그는 한글운동
관련 단체에서는 기둥 같은 존재다.

　한글박물관 건립, 서울시 광화문 일대를 한글문화 관광지로 꾸

＊ 한말글문화협회 대표(2019. 10. 19)

미는 '한글마루지 사업', 한글날 공휴일 제정 추진 등 주요 한글 운동사에서 중심 역할을 해왔다. 주변의 한글단체 인사들로부터 '한글 장군', '살아있는 한글운동사'로 불리는 이유이기도 하다.

지난 10월 4일 한글회관에서 열린 '영어 남용과 혼용 그대로 두고 볼 것인가'를 주제로 열린 정책 토론회에선 정부기관과 지자체의 영어 오남용 문제를 지적한 뒤 "공공기관이 우리 말글을 짓밟는 것을 보고만 있을 수 없다"며 문화체육관광부 장관 등을 고발하는 것을 검토하겠다고 목청을 높여 참석한 문화체육관광부 간부를 긴장케 했다.

지난 2019년 10월 7, 8일 양일에 걸쳐 50여 년을 한글 지킴이로 살아온 이 대표를 한글회관과 세계일보 편집국에서 만났다. "한글이 빛나면 우리 겨레가 빛나는 것 아니냐"며 인터뷰 내내 목청을 높이던 그가 말미에는 "이제는 저 같은 나이 든 사람이 더는 나서지 않게 젊은이들이 우리 말글 지키기에 관심을 가져 달라"고 낮은 목소리로 신신당부했다.

정부기관의 영어 오남용 문제를 본격적으로 제기하고 있는데?

―――

"김영삼 대통령 때 영어 조기교육을 추진하면서 영어 바람이 불더니 김대중·노무현 정부 때엔 아예 '영어를 공용어로 하자'는 이들까지 나오더니 이제는 영어 천지다. 거리에는 한글 간판이 사라지고 영어 간판이 난무한다. 감당할 수 없는 지경이다. 영어 간판이 많아 외국 관광객이 서울 도심에서 사진을 찍으면 한국에서 찍은 사진인지 외국의 도시에서 찍은 사진인지 알 수가 없다. 한심한 일은 정부와 공공기관이 영어 오남용에 앞장을 서고 있다는 점이다. 실례를 보자. '포용성장 ON, 경제활력 UP'(정부 자문회의), 'NEXT LOCAL, 감정노동자 마음해피 and YOU'(고용노동부), '서울의 청년 로컬의 미래를 UP하다'(서울시), '지진이 발생했다면 GO·GO·GO'(행정안전부), '눈꼬리는 내리go, 입꼬리는 올리go, 즐거운 안동' (안동시)을 보면 기가 막히지 않는가. 이러니 일반인들도 영어를 섞어서 써도 괜찮은 줄 알고, 아니 그래야 좋은 줄 알고 섞어서 쓰고 있는 것 아닌가. 현 정부는 출범 초기 한글단체의 건의를 무시하고 정부 부처에 '벤처'란 외국말을 기어코 넣었다. '중소벤처기업부'를 말한다. 중앙 정부가 앞장서서 영어 섞어 쓰기를 부채질하는 꼴이다. 정부 기관과 공무원들이 처벌조항이 없다고 법과 규정을 지키지 않고 있다. 업무 태만과 직무유기가 아닐 수 없다. 계속 손을 놓고 있을 경우 정부 책임자들을 국어기본법과 옥외광고물관리법 위반으로 고발할 계획이다. 수십 년 동안 일본처럼 한자를 혼용하자는 이들과 싸워서 간신히 우리말을 한글로 적는 나라가 되었는데, 이제 한글과 영어 혼용 나라로 가고 있다.

개탄스럽다."

우리 말글 독립운동에 발을 들여놓은 계기와 과정은?

"6남매의 맏아들로 태어났다. 꿈이 소박했다. 농사를 평생 업으로 할 생각하고 1962년 예산농고에 들어갔다. 당시 정부가 1964년부터 한글로만 만들던 교과서에 한자를 섞어서 만들겠다고 발표했다. 농업시간인데 한자시간이나 다름없었다. '사과나무밭에 거름을 주고 가지치기를 하고, 꽃을 솎아주어야 좋은 사과를 딸 수 있다'고 쉬운 우리말로 가르치면 되는데 칠판에 '施肥(시비), 剪枝(전지), 摘花(적화)'라고 쓰며 어렵게 가르치더라. 도서관에 가서 농업서적을 빌려보니 대부분 일본 책이거나 새까만 한자가 섞인 책뿐이었다. 학생 입장에서 책을 읽으려 해도 우리 말글로 된 책이 없었다. 충격이었다. 당시 농민 80%가 문맹이었는데, 제 말글로 된 책도 별로 없으면서 일본처럼 한자혼용을 하자는 것은 문맹률을 더 높이는 것이고, 역사를 거꾸로 돌리는 일이라 생각했다. 쉬운 우리 말글로 교육하고 말글살이를 할 때 문맹이 줄고, 국민 지식 수준을 높일 수 있다고 여겼다. 이때 한글운동이 장래에 내가 할 일이라고 여겼다. 동국대에 진학한 뒤 1967년에 국어운동학생회를 조직해 한글운동 길에 나서 52년째 이 일을 하고 있다."

이름을 우리 말과 글로 짓자는 운동을 펼치고 있는데?

―――

"제 말글이 있어도 이름을 남의 나라 말글로 짓는다는 것은 잘 못이라고 여긴다. 나의 소신이다. 아버지가 지어준 '李澤魯(이택노)' 란 한자 이름 대신 '이대로'라는 우리말 이름을 지어 1968년부터 쓰고 있다. '모든 사람이 한자를 쓰더라도 나만은 평생 한글운동을 하겠다는 다짐을 이름에 담아 죽는 날까지 이 일을 하자'는 것이었 는데 진짜 이름대로 됐다. 하나 이 운동도 한동안 한글 반대자들 때문에 그 바람이 많이 식었다. 그간 한글전용 운동을 하느라고 이 운동을 미루었는데 올 초부터 다시 한글이름연구소를 꾸리고 한글 이름짓기 운동의 깃발을 올렸다. 아시다시피 지휘자 금난새나 전 국회의원 김한길은 모두 우리말 이름이다. 얼마나 좋은가. 두 분 은 부친이 한글에 대한 자각이 남달라 우리 이름을 지은 거다. 요 즘은 일부에서 배우리, 박한샘, 김봄누리 등 우리 이름이 많아지 고 있다. 반갑기 그지없다."

한글독립운동을 하면서 기억에 남는 일들과 성취가 있다면?

―――

"돌이켜보면 지난 반세기 넘는 국어독립운동은 일제강점기 때 한글운동보다 더 치열하고 힘들었다는 생각이다. 한글운동단체들이 국회의원 이름패와 국회 상징인 깃발과 휘장에 쓴 한자를 한글로 바꾸게 하는 데 40년이 걸렸다. 한글을 반대하는 세력은 광복 뒤 미 군정 때부터 공휴일이었던 한글날을 1990년 공휴일에서 빼버려서 그걸 되찾는 데도 22년이 걸렸다. 2005년에 국경일로 만들었으나 공휴일은 안 되어서 다시 투쟁해 2012년에 공휴일로 되돌렸다. 제가 앞장은 섰지만 한글운동 과정에서 고마운 이들이 적지 않다. 신기남 의원은 한글날 국경일 제정법을 제출하고 통과시키는 데 힘썼다. 국회의원 한글 이름패는 원광호·김근태 의원 공로가 컸다. 국회 휘장을 한글로 바꾸는 데 노회찬 의원이 많이 도와줬다. 고인이 되신 분들도 있는데 그분들에게 고마운 절을 하고 싶다."

이 대표는 우리말 지키는 일이라면 물불을 안 가리는 '돈키호테'였다. 국어운동대학생동문회장 시절인 1990년 노동부가 한글전용법을 어기고 신문에 낸 광고문을 보고 발끈했다. 당시 노재봉 국무총리에게 한글전용법을 지켜 달라고 건의했으나 반영되지 않자 노 총리를 직무유기와 업무 태만, 최병렬 노동부 장관과 이원종 서울시장을 한글전용법 위반으로 검찰에 고발한 일화는 유명하다.

우리말살리는겨레모임 공동대표 시절인 1999년 정부가 일본식 한자혼용 정책을 추진해서 김종필 총리, 신낙균 문화부 장관 등을 우리말 훼방꾼으로 발표해 파장을 남겼다.

광화문 현판도 한글로 바꿔야 한다고 꾸준히 주장하는데?

"우리의 문화 정체성 문제다. 광화문은 대한민국을 찾는 외국 관광객이 가장 많이 찾는 곳이다. 그런데 이런 광화문에 한자 현판이 붙어 있어서 자주적인 문화 독창성을 송두리째 빼앗고 있다. 한국이 중국의 한자문화권에 속하는 변방이라는 느낌만 든다. 일부 문화재위원들은 원형 복원이 문화재 복원 원칙이라고 말하나 속좁은 생각이다. '역사는 과거와 현재의 대화'라는 연속선에서 생각하는 것이 아니라, 역사를 과거에 묶어놓은 복고주의 생각이다. 온고지신溫故知新, 즉 옛것을 새롭게 고쳐 쓴다는 것이 아니라 과거에 죽은 역사를 단순 복원한다는 죽은 역사관이라 생각한다. 그런 의미에서 한글 현판을 줄기차게 요구하고 있다."

앞으로 계획과 당부하고 싶은 말은?

"제 삶은 한글을 안 쓰려는 사람들과의 지난한 싸움이었다고 해도 과언이 아니다. 저 같은 사람이 더는 안 나서도 될 수 있었으면 좋겠다. 1908년 한글학회를 만든 뒤 우리 말과 한글을 지키고 쓰러져 가는 나라를 일으켜 세우려고 애쓴 주시경 선생은 '나라말이 오르면 나라도 오르고, 나라말이 내리면 나라도 내린다'고 하셨다. 한글책 보따리를 들고 한 사람에게라도 더 한글을 가르치려고 발 버둥 치다가 돌아가셨다. 이후 주시경 선생 뜻을 이은 우리 학회 선열들은 일제강점기에 한글날을 만들고, 한글을 지키고 갈고닦았 다. 영화 '말모이'에서 보듯 목숨을 걸고 지켜온 한글이 아닌가. 얼 마 전 문재인 대통령이 일본이 우리를 깔보고 넘보니 '아무도 흔 들 수 없는 나라를 만들겠다'고 했는데, 일본제품 불매운동도 좋지 만 우리 말과 글을 지키는 것이 더 중요하다. 문 대통령이 직접 나 서 이를 바로잡아 줬으면 좋겠다. 우리 겨레 말은 우리 겨레 얼이 다. 일본 식민지 교육으로 길든 일본 한자어로 된 행정·교육·전문 용어를 빨리 쉬운 우리 말로 바꿔야 한다. 한글로 이름도 짓고, 새 낱말을 만들어 우리 말글살이가 뿌리내리게 해주시길 당부한다. 그러면 이웃 나라가 우리를 넘보지도 못할 것이고, 어깨를 펴고 살 수 있는 강한 나라가 될 것이다. 그런 나라를 만들어 후손들에게 물려줘야 하지 않겠나."

이대로 대표는…

- 1947년 충남 서산 출생 - 1967년 동국대 국어운동학생회 창립 초대회장
- 1990년 한말글사랑겨레모임 공동대표 - 1995년 한국바른말연구원 사무총장 - 2004년 한글문화단체모두모임 사무총장 - 2006년 국무총리(한글날 국경일 제정 공로) 표창 - 2005년 국어단체연합 사무총장 - 2007년 중국 절강월수외대 한국어과 교수 - 2008년 외솔회 부회장 - 2012년 한글날공휴일추진범국민연합 상임대표 - 2013년 한류문화대상 전통부문 대상 - 2014년 국어문화운동실천협의회 회장 - 2018년 한글이름연구소 소장 - 1989~현재 한글학회 특별회원 - 1997~현재 우리말살리는겨레모임 공동대표 - 2019년 한글학회 부설 한말글문화협회 대표

세종대왕기념사업회 최홍식 회장은 이비인후과 의사이면서 20여 년간 한글운동과 세종대왕 선양사업에 헌신해왔다. 한글운동가이자 독립운동가인 외솔 최현배 선생의 손자이기도 한 그는 세종대왕기념관에서 가진 인터뷰에서 "요즘 세대들이 일제 치하에서 선현들이 목숨을 걸고 지켜온 우리 한글의 소중함을 잊고 있는 듯해 안타깝다"며 "(조부님의) 뜻을 받들어 음성의학적으로 한글의 과학적 우수성을 규명하는 일에 일생을 걸고 싶다"고 말했다.

최홍식*

조부 '외솔' 정신 이어…
음성의학적으로 훈민정음 원리 연구

한글의 우수성은 외국 학자들에게도 찬사의 대상이 된 지 오래다. 일본의 언어학자 노마 히데키는 저서 〈한글의 탄생〉을 통해 한글 자형의 과학적 조형성을 극찬하며 세계적인 '보물'로 칭했다. "왕이 주도한 '읽과 글쓰기 생활의 혁명'"이라고도 했다. 영국의 역사가 존 맨은 한글은 모든 언어가 꿈꾸는 최고의 알파벳이라고 극찬했다. 개화기에 한국과 한글을 사랑한 미국인 호머 헐버트 박사는 한글은 완벽한 문자라며 최소 문자로 최대 표현력을 갖는다고 했다.

외국 학자들이 이런 찬사를 보내지만, 작금의 한글 현주소는 찬밥 신세나 다름없다. 거리엔 영어 간판 천지이고, 정부기관마저도

‥‥‥‥

* 세종대왕기념사업회 회장(2020. 10. 09)

국적 불명의 외래어를 남발하고 있다. 이런 가운데 의식 있는 한글 관련 단체나 인사들은 외롭게 한글운동을 펼치고 있다. 그들 가운데 한 사람이 세종대왕기념사업회 최홍식 회장이다.

최 회장은 한글운동가이자 독립운동가인 외솔 최현배(1894~1970) 선생의 손자다. 이비인후과 의사이자 음성의학자로 조부의 뜻을 이어 한글운동과 세종대왕 선양사업에 헌신하고 있다. 얼마 전 세종대왕기념사업회가 운영난을 겪자 사재 10억여원을 쾌척해 외솔정신을 계승한 '나라사랑 DNA'를 보여줬다는 평가를 듣고 있다.

지난 2020년 10월 7일 서울 동대문구 홍릉 세종대왕기념사업회에서 최홍식 회장을 만났다. 그로부터 외솔에 대한 회고와 그의 한글운동과 세종대왕 선양사업 등에 관해 들었다. 최홍식 회장과 오랜 인연이 있는 이대로 한말글문화협회 대표는 "외솔의 셋째 아들 최신해(청량리 뇌병원장, 수필가)의 아들로서 손자 가운데 생긴 모습부터 외솔 선생을 가장 많이 닮았고, 외솔 정신까지도 쏙 빼닮은 한글운동 단체의 소중한 분"이라고 귀띔했다.

외솔 최현배 선생은 어떤 분인가?

"일제 치하에서 조선어학회를 창립하고 한글맞춤법 통일안을 만드는 등 우리말 보급과 교육에 앞장서신 분이다. 조선어학회 사건으로 옥고를 치렀으며, 해방 후에도 미 군정청 교과서 편수국장과 한글학회 이사장, 세종대왕기념사업회 대표 등을 역임하며 국어학 연구와 국어정책에 힘을 쓰셨다. 특히 국어 문법의 체계화, 한글 전용 추진, 한글 기계화 사업에 족적을 남기셨다. 한글운동에 관심이 있는 분은 조부님에 대해 잘 알지만, 젊은층에선 잘 모르는 것 같아 안타깝다. 한글의 중시조가 주시경 선생이라면 그의 제자로 우리말 문법체계를 완성한 분이 조부님이다."

코로나19 여파로 한글날 기념행사를 제대로 갖지 못했는데?

"올해는 조부님이 돌아가신 지 50돌이 되는 해다. 그래서 한글날이 더 뜻 깊은 날이 되어야 하는데, 코로나19 사태로 제대로 기념하지 못해 아쉽다. 코로나 난리 와중에도 10월 6일 한글회관에서 제12회 집현전 학술대회를 열었다. '우리말 사용의 실태, 그리고 순화와 표준화'를 주제로 10개의 주제발표를 온라인으로 진행했다. 저는 내일 조부의 기념관이 있는 울산시 주최 기념행사에는 참석할 예정이다. 조부가 부총장으로 재직했던 연세대에서는 외솔전집을 발간할 계획이다."

외솔회를 이끌며 한글학자 지원과 한글운동 확산에 기여를 하고 있는데?

————

"외솔회는 조부님이 돌아가시던 해인 1970년 삼촌인 최철해 정음사 사장이 지인들과 함께 만드셨다. 외솔의 나라사랑과 한글사랑 정신을 이어받자는 뜻이었다. 외솔상 시상식을 매년 열어 학문 분야에 크게 기여한 분께 드리는 '문화부문 외솔상'과 우리 말과 한글의 사용을 잘하신 분께 드리는 '실천부문 외솔상'을 시상하고 있다. 한글운동과 한글 발전에 큰 역할을 해오고 있다. 울산시에 건의해 이뤄낸 외솔 생가 복원, 외솔기념관 건립 등도 외솔회의 귀한 사업 성과물이다."

세종대왕기념사업회는 어떤 일을 하는 곳인가. 그간의 활동과 업적은?

————

"조부님이 세종정신을 기리기 위해 정부에 제안하여 1956년 만들어진 사업회다. 세종대왕 신도비, 구舊 영릉 석물과 같은 유물들을 발굴해 모아왔고, 세종실록 국역을 시작으로 조선왕조실록 국역사업 등 조선시대 만들어진 수많은 책을 현대 국어로 번역하여 보급해왔다. 하나 이곳이 세종이라는 큰 인물을 담기에는 공간이 협소하고, 기념관도 초라하다. 세종대왕을 제대로 기리는 새로운 세종대왕기념관 건립이 사업회 목표다. 제 생각인데 용산 한글박물관과 연계해 건립하면 좋을 듯하다."

사재 10억여원을 사업회에 쾌척했는데?

────

"세종대왕기념관이 세워진 이 땅은 정부 소유다. 이 안에 있는 세종박물관과 세종대왕기념사업회는 정부 직영 단체가 아니라서 대지 사용료를 매년 수억원씩 내야 한다. 사업회가 특별한 수익을 내기 어려워 그간 부채가 누적됐다. 제가 회장에 취임하면서 부채를 줄이고 사업을 진행하기 위해서 기부금을 내놓은 것이다. 사실 사업회 현실이 막막하다. 특별법을 만들어서라도 특단의 정부 및 국회 차원에서의 대책 마련이 꼭 필요하다. 효창공원에 있는 백범 김구기념관은 비슷한 의미의 기념관인데 김대중 정부 때 특별법이 만들어져 대지 사용료 등을 내지 않는 것과 대비된다. 당국과 언론의 관심이 절실하다."

외솔 선생에 관한 일화를 소개한다면?

────

"엄하셨지만 자상한 면도 많았다. 특히 국산품 애용에 대한 신념이 대단하셔서 손자녀들이 외제 학용품을 사용하는 것을 보면 바로 지적하셨다. 국산품을 사용하는 것이 나라사랑의 길임을 일

깨워주시곤 하셨다. 대화 시에도 존댓말을 잘못 사용하면 그 자리에서 바로 나무라며 지적하셨다. 어느 날 우리 집에 불쑥 방문하셔서 제 형(최문식 청량리정신병원장)과 저를 앞에 앉혀 놓고 화선지에 한글 붓글씨로 즉석에서 글을 남겨 주셨다. 그 내용은 '날마다 날마다 여러 가지 일을 하면서도, 일생을 통하여 변치 않는 한 가지 일을 지으라'는 것이었다. 한글날만 되면 조부님이 그립다. 10년 전에 조부께서 쓴 '한글이 목숨'이란 글이 언론에 공개됐다. 당시 외솔회 이대로 부회장이 일제 때 한 음식점 방명록에 쓰여 있는 조부님의 글을 공개한 것이다. 1932년 서울의 한 음식점 주인이 만든 것으로 보이는 방명록 '금서집錦書集'에 외솔 선생이 '한글이 목숨, 최현배'라고 쓴 붓글씨 한 장이다. 당시 거의 모든 지식인이 한자만 쓰던 일제강점기인 1932년에 '한글이 목숨'이라고 방명록에 쓴 붓글씨가 얼마나 한글을 사랑하고 소중하게 여겼는지를 알 수 있는 뚜렷한 증거가 아니겠는가."

한글운동가이면서 음성의학과 후두질환 분야 권위자이기도 한데?

"의사 집안이라 할 수 있다. 외솔의 둘째 아들인 작고하신 아버님은 우리나라 정신과의사의 태두다. 청량리뇌병원(후에 청량리정신병원)을 개설하셨다. 제 형님 최문식 원장도 의사가 되어 아버지

병원을 이어받았다. 저도 자연스럽게 의학의 길을 걷게 됐다. 전문 분야를 정하게 되면서는 이비인후과 중에 목소리와 조음 등을 다루는 후두학을 전문 분야로 정하게 됐다. 조부님이 해오셨던 한글연구 중 조음음성학 분야에 관심이 있기도 해서 이 길을 걷고 있다. 나름대로 후두학, 음성언어의학의 발전과 어려운 후두질환의 해결에 작게는 이바지했다고 자부한다(사실 그는 이비인후과 분야 국내 대표 명의다. 질환 중 목소리의 떨림과 끊어짐이 심하여 고통 받는 연축성 발성장애 환자들의 증상을 완화하는 보톡스 성대주입술의 국내 보급에 기여했고, 난치 질환 성대구증의 수술적 치료를 자체 개발하여 성공해 국제적으로도 명성이 있다. 김대중·박근혜 전 대통령 이비인후과 자문의였다)."

음성의학 측면에서 훈민정음 글자 체계를 분석한 논문도 발표했는데?

"세종대왕께서 1446년에 발성기관의 모습을 본떠서 자음을 만들었다. 창살 모양을 보고 만들었다거나 고대 문자를 본떴다는 등의 각종 억측이 난무했으나 과학적인 글자 체계임이 증명되고 있다. 어금닛소리 글자 ㄱ은 혀뿌리가 목을 막는 모양을 본떴다. 혓소리 글자 ㄴ은 혀가 윗잇몸에 닿는 모양을 본떴고, 입술소리 글자 ㅁ은 입 모양을 본떴다. 잇소리 글자 ㅅ은 이 모양을 본떴다. 목구멍소리 글자 ㅇ은 목구멍 모양을 본떴다. 눈에 보이지 않는 소리를 글자로 만들어낸 것이다. 음성의학적으로 생각해봐도 과학적인 글자로 놀랍다. 요즘도 제자들과 함께 제일이비인후과의원을 시작해 대표원장으로 일하고 있는데, 원내에 천지인 발성연구소를 만들었다. 훈민정음 창제시 제자 원리를 음성의학적으로 규명하는 일을 하고 있다. 조부님의 정신을 이어받아 과학적이고 체계적인 한글 연구에 나름의 기여할 바를 꾸준히 찾고 있다."

한글 오남용 실태에 대한 평가와 당국에 건의하고 싶은 내용은?

"우리 말과 우리 글을 좀 더 귀하게 여겨야 한다. 과거에는 한자에 너무 의존했는데, 이제는 영어 오남용이 심각해 한글을 훼손하고 있다. 거리에 나가보면 영어 천지다. 영어 간판이 많아 외국 관광객이 서울 도심에서 사진을 찍으면 한국에서 찍은 사진인지 외국의 도시에서 찍은 사진인지 알 수가 없다. 한심한 일은 정부와 공공기관이 영어 오남용에 앞장서고 있다는 점이다. 비교하긴 싫지만 이웃나라 일본은 모든 상품 설명서나 학술행사, 길가의 광고문을 고집스러울 정도로 일어로만 표기하는 경우가 많다. 대대적인 한글사랑 운동을 펼치기 위해 무슨 수를 내야 한다."

최홍식 회장은…

· 1953년 서울 출생 · 1978년 연세대 의대 졸업 · 1988~2018년 연세대 의대 이비인후과 교수 · 2019~현재 연세대 의대 명예교수 · 2007~14년 외솔회 이사장 · EBS 명의 2회 선정(후두질환, 후두암) · 대통령 자문의 2회 선임(김대중 대통령, 박근혜 대통령) · 제일이비인후과의원 대표원장, 천지인 발성연구소 소장 · 한글학회 이사, 세종대왕기념사업회 회장, 외솔회 명예이사장

세상은 맑음

지은이 박태해

펴낸이 박영발

펴낸곳 W미디어

등록 제2005-000030호

1쇄 발행 2021년 2월 19일

주소 서울 양천구 목동서로 77 현대월드타워 1905호

전화 02-6678-0708

e-메일 wmedia@naver.com

ISBN 979-11-89172-34-3 03300

값 14,000원